Manfred Günzel

Der Eisgraue...

und andere Jagdgeschichten

NEUMANN-NEUDAMM
VERLAG FÜR JAGD UND NATUR SEIT 1872

Für Maximilian

Bildnachweis:
Titelbildgestaltung nach einem Kunstwerk von Dr. Jörg Mangold.
Alle übrigen Bilder aus dem Archiv des Verfassers

ISBN 3-7888-1062-9

Das Werk einschließlich aller seiner Teile ist urheberrechtlich geschützt. Jede Verwertung außerhalb der engen Grenzen des Urheberrechtsgesetzes ist ohne Zustimmung des Verlages unzulässig und strafbar. Das gilt insbesondere für Vervielfältigungen, Übersetzungen, Mikroverfilmungen und die Einspeicherung und Verarbeitung in elektronischen Systemen.

© 2006, Verlag J. Neumann-Neudamm AG, Melsungen
Schwalbenweg 1, 34212 Melsungen
Tel. 05661.9262-26, Fax 05661.9262-20, www.neumann-neudamm.de

Printed in the European Community
Satz/Layout: J. Neumann-Neudamm AG, Melsungen
Druck und Weiterverarbeitung: Grafisches Centrum Cuno

Vorwort

Die ausgewählten Geschichten von der Jagd, vom Wild und der Natur in der uns zumeist unverdient geschenkten Welt der Berge mit jagdlichen Höhen und Tiefen, mit Freuden und Misserfolgen, von vernünftigen Menschen und weniger lustigen Zeitgenossen soll den jägerischen Alltag des geschätzten Lesers zum Lächeln und auch zum Nachdenken anregen. Über drei Dezennien aktiver Jagdausübung und die vielen Jahre als „Mitläufer", Treiber und Zuhörer von Kindesbeinen an, lassen schon eine enorme Menge von Erinnerungen zusammen kommen. Hier wurden nur einige markante Szenen und solche, die es wert sind, erwähnt zu werden, festgehalten.

Es ist der ausdrückliche Wunsch des Verfassers, das vorliegende Bücherl in diesem kleinen Format gedruckt zu sehen. Das hat den Vorteil, daß man es in den Schnerfer oder Aser packen kann, ohne dabei zu viel Gewichtszunahme oder Platzbedarf befürchten zu müssen. Aber bekanntlich kann man Gams – andere Schalenwildarten natürlich auch – eher „dahocka" wie „dalaffa" und so ist es im Bodensitzl oder auf dem Hochsitz zuweilen recht angenehm, die Büchse auf den Knien und etwas Lesbares vor dem eigenen Windfang zu haben. So gesehen, erfüllt Lektüre den unleugbaren Zweck, die Zeit zu verkürzen beim Warten auf den „Ersehnten". Nur regnen oder schneien sollte es dabei nicht.

Der Verfasser

Inhalt

Eine Begegnung	5
Prünles	8
Bei Forellen und Äschen	24
Der Eisgraue	34
Der Ischiasbock	46
Hinter dem Eisernen Vorhang - 1985	55
Spielhahnfalz	72
Ums Gamswild	83
Kanadisches Tagebuch	104
Auf den Feisthirsch im Hochgebirge	119
Endlich das „eigene" Revier	130
Jagdgäste	140
Obacht! Fuchs!	152
Alle meine Hunde	159
Mein Wetterfleck	174
Herbstliches	177
Winterpflichten	186
Alles in allem...	191

Eine Begegnung

Es war einer jener fürchterlichen Januarabende des Jahres 1985, mit Schneematsch in den Münchner Straßen. Kraftfahrzeuge und Trambahnen spritzten den weichen, frisch fallenden Schnee auf die geduckten und nach vorn gebeugten Passanten, die überhaupt keine Chance hatten, diesem schlimmen Wetter aus dem Wege zu gehen. Jeder strebte danach, auf möglichst kurzem Wege an sein abendliches Ziel zu kommen.

An jenem Abend wollte ich nach reichlich Arbeit während des Tages noch einen Besuch bei Münchens bekannten Jagdausstatter, Büchsenmacher und vormaligem Hoflieferanten, der Firma Stiegele in der Maximilianstraße machen, um ein paar benötigte Dinge zu kaufen. Gewöhnlich fällt einem immer etwas ein, was man noch nicht hat und mit Sicherheit benötigen wird. Mir hatte es schon immer die Atmosphäre dieses reichsortierten Geschäftes angetan und was oftmals wie ein Plausch ausschaute, war eine in die Tiefe gehende Beratung und ich gestehe, daß ich außer käuflichen Dingen schon viel von hier mitgenommen hatte. Ich betrat also das Geschäft, schüttelte mir das Nass von Hut und Mantel und wurde, wie stets, freundlich begrüßt. Also trug ich meine Wünsche vor, fragte nach Erfahrungen und Empfehlungen. Ein neues Fernglas mit erstklassiger Leistung hatte man herausgebracht, das Herr Brandl, der Inhaber, über die Maßen lobte, wobei er allerdings vergaß, mir auch sofort den Preis zu nennen. Und der ließ sich sehen! So ging das noch eine Weile, bis ich schließlich alles beisammen hatte, was ich benötigte. Dann trat ich zur Kasse, um zu bezahlen und bemerkte vor mir einen Herrn, den ich bislang noch nicht weiter beachtet hatte. Er beschäftigte sich mit den hier vertriebenen Büchern, offenbar, um sich mit Lesestoff einzudecken. Und da ritt mich der Teufel.

„Wenn Sie's noch nicht gelesen haben, nehmen S' doch des da", sagte ich zu ihm. „Ich hab mir's erst kürzlich zugelegt und muß sagen, es ist hervorragend geschrieben."

„Wirklich?," mein solchermaßen angesprochenes Gegenüber drehte sich halb nach mir um und lächelte.

„Der Schriftsteller hat auch noch mehr geschrieben", sagte ich. „Und alles, was ich von ihm gelesen habe, ist für mich die Ausnahme. Nur in einem bin ich ihm ein bisserl böse. Da hat er ein Buch herausgebracht. Der Titel ist ‚Die Heuraffler' und es wurde nicht mehr aufgelegt." Mein Gegenüber drehte sich jetzt ganz zu mir her, lächelte noch immer, reichte mir die Hand. „Kramer-Klett."

Wäre ich in neudeutschem Schreibestil zuhause, hätte ich von diesem Augenblick und der Überraschung sagen müssen, es haute mich um.'

Und nun gab's kein Halten mehr. Der Herr Baron wollte von mir wissen, was ich von ihm schon alles gelesen hätte und welches Buch aus seiner Feder ich für am besten geschrieben halte.

„Ja, wenn ich ehrlich sein soll, dann ist es doch wohl ‚Mit der Flinte', diese Schilderung von der Jagd auf Niederwild im Münchner Norden". Wir kamen immer mehr ins Reden und Diskutieren. Die Verkäufer hatten ungeniert damit begonnen, die eisernen Jalousien herunter zu lassen, einige Lichter wurden auch schon gelöscht. Verständlich. Sie wollten nach langem Arbeitstag auch Feierabend machen. Und Herr Brandl schien, wenigstens gut kaschiert, von einem Fuß auf den anderen zu treten. Aber ich bemerkte noch nebenbei, daß auch ich ein wenig geschrieben hatte und bei namhaftem Verlag in einer Jagdzeitung zu Wort gekommen war.

„Das ist gut. Machen Sie weiter. Ich glaube, Sie können's" Dann forderte mich der Baron auf, ihm das in meinem Besitz befindliche Buch an seine Rentei in Aschau zu senden.

„Sie kriegen es schon wieder" meinte er und lächelte. Und dann hatten wir doch das Gefühl, uns langsam zurück ziehen zu sollen.
Das war mein erstes und auch letztes Zusammentreffen mit Ludwig Benedikt von Kramer-Klett. Als wir uns zum Abschied die Hand reichten, meinte er unvermittelt, „...schade, daß wir uns nicht eher kennen gelernt haben."
Einige Zeit später schickte ich das besprochene Buch an die angesagte Anschrift und es dauerte keine volle Woche, als mich meine Frau im Büro anrief und mir berichtete, daß da ein Päckchen aus Aschau gekommen sei. Ob ich wissen wolle, was drin sei. Natürlich wollte ich. Das Buch „Mit der Flinte" hatte der Herr Baron so herzlich signiert und mit einer netten Widmung versehen und außerdem hatte er mir eine Ausgabe der „Heuraffler" beigelegt, daß ich mir fast ein bisserl beschämt vorkam.
Im August des gleichen Jahres weilte ich mit Frau und Hund in Spanien. Nur die Tochter war wegen bevorstehender Examina und des damit verbundenen Lerndrucks zu Hause geblieben. Jeweils Mittwoch und freitags war ich der Rothühner wegen auf den Läufen, aber die drückende Hitze zu dieser Zeit ließ den jagdlichen Erfolg eher bescheiden ausschauen. Ein, zwei Rothühner und die gleiche Anzahl Kaninchen waren in der Regel alles, was wir ergangen und erschwitzt hatten. Dafür wurde zu abendlicher Stunde den berühmten ‚tapas' und dem Rotwein eher ausgiebig zugesprochen. Nun, meine spanischen Freunde liebten nicht nur die Jagd...
Eines Tages rief meine Tochter an und meinte, sie habe eine traurige Nachricht für mich. Der Herr Baron hatte sich aus dieser Welt verabschiedet und war nun in ein noch schöneres und größeres Revier hinüber gegangen. Ich denke, daß er sich gefreut hätte, als ich nach meiner Rückkehr ein Sträußerl Latschen mit Enzian und einer Silberdistel auf seiner letzten Ruhestätte niederlegte.

Prünles

Lang ist's her! Und die Erlebnisse und Begebenheiten, über die es hier zu erzählen gilt, liegen nun mehr als ein halbes Jahrhundert zurück. Und wie man weiß, verklären sich die Dinge im Laufe der Jahre. Unvergessen bleiben die erfreulichen Aspekte in eines Menschen Erinnerung. Das andere fällt dem Vergessen anheim, wird zuweilen bewußt oder unbewußt verdrängt, was nicht selten von Vorteil ist.

In den ersten Jahren des letzten, unseligen Krieges hatte mein Vater eine Führungsposition in einer Kammgarn-Spinnerei im Sudetenland angenommen, eine Entscheidung, die sich für mein späteres Leben in mancherlei Art und Weise positiv auswirkte. Zum einen waren wir, ich meine damit unsere Familie, weitgehend von den Schattenseiten des Krieges in den Städten des „Altreiches" verschont geblieben. Zum anderen durfte ich in den Wäldern des südlichen Erzgebirges meine ersten Schritte als einsamer Waldläufer setzen. Ich lernte, Fährten und Spuren ohne fremde Hilfe zu lesen, zu sehen und die Natur auf meine Art zu deuten. Es war dies ein ausgleichendes Moment zu den ungeliebten Mathematik- und Lateinstunden, wo ich doch gewisse Defizite hatte. Zudem nervten mich die unerträglichen Ergüsse eines Deutschlehrers, dessen pädagogische Fähigkeiten aus heutiger Sicht als katastrophal einzustufen waren.
Kurzum, ich fühlte sehr bald, daß dies alles nicht meine Welt war. Die wenige mir verbleibende Freizeit nützte ich, um mit Hund und viel Unternehmensgeist meine Wege in jene stillen Teile des hier noch wildreichen Forstes zu lenken, meist mit mir allein, dem Hund und meinen Gedanken, die, wie mir heute erscheint, schon damals in bestimmten Richtungen – gemessen an meinem Alter von zwölf Jahren recht ausgeprägt und zielgerichtet waren. Was jene Pflichtübungen der damaligen Zeit

anging, den sich wöchentlich wiederholenden Heimabenden und trommelbegleiteten Umzügen durch die etwa Zehntausend Einwohner zählende Ortschaft, liederschmetternd und zackig in Reih' und Glied zu marschieren, so wußte ich, daß man sich daran halten mußte, wenn man nicht scheel angeschaut werden wollte. Aber gern tat ich's nicht.

Es ergab sich, daß mein Vater im Jahre des Krieges zweiundvierzig, in der zum Werk gehörenden Jagd zum Abschuß eines Hirschen eingeladen wurde. Diese Jagd befand sich – ausgedehnt – im Bereich des so benamten „Kaiserwaldes", südlich des Egerflußes gelegen und eigentlich als nördlicher Ausläufer des Böhmerwaldes anzusehen. Dorthin zu gelangen, war nun kein leichtes Unterfangen, zumal Kraftfahrzeuge nicht vorhanden, bessere Straßen nicht angelegt und überdies die Entfernung auch nicht gerade gering zu bezeichnen war. Da kam meinem alten Herrn zustatten, daß die ebenfalls zur Firma gehörende Landwirtschaft zwei stattliche Rappen vor dem Zugriff der Requirierung durch das Militär hatte retten können. Zudem gab es noch einen Landauer und weil ich zum damaligen Zeitpunkt offenbar eine gute Note in Latein oder Mathematik bekommen hatte, erlaubte mein Vater, daß ich ihn begleiten dürfe.

Wir fuhren, eingepackt in wärmende Decken und versehen mit einiger Wegzehrung, an einem sonnenklaren Oktobertag hinaus und hinauf ins Jagdrevier, empfangen von einem Herrn Oberförster, der sich gegenüber meinem Vater sogleich recht diensteifrig aufführte und ihm sogleich anriet, sich nächsten Morgens zum ersten Ansitz bereitzumachen und nach einem für die damaligen Begriffe recht ansehnlichen Abendmahl, zogen sich beide Herren zu einem vertrauten Gespräch zurück, bei dem meine Anwesenheit nicht unbedingt erwünscht oder angesagt war. So verblieb mir Zeit, mich umzuschauen und es gefiel mir. Das holzerbaute Forsthaus mit dem steilen Dach und einer strammen Frau Försterin, die mir bereitwillig ihre Stallung, in der eine Kuh und noch einiges andere Getier stand, zeigte und mich darauf hinwies, daß wir nächsten Tages einen außergewöhnlichen Besuch bekommen würden. In der darauf folgenden Nacht habe ich unter gänsefedergestopftem Plumeau geschwitzt und gelitten. Ich wurde dann aber doch vom Schlaf übermannt und als ich aufwachte, geweckt von der Frau Försterin, war mein Vater mit seinem Pirschführer schon längst aus dem Haus. Der Besuch sei gekommen, wurde mir bedeutet und ich solle mich anziehen und sehr ruhig und leise die Treppe hinunter kommen.

Und da war folgendes: In einem kalten Winter hatte man ein Gaiskitz, das vor dem Verenden war, im Haus aufgenommen, es mit Nahrung und insbesondere mit Milch gesund gepflegt und eine Zeitlang auch im Stall behalten. Eines Tages war das Reh verschwunden, ließ sich aber gelegentlich wieder sehen, kam auch ins Haus, wo es dankbar die hingestellte Milch annahm und dann wieder in den nahen Wald zog. Was Wunder, daß sich die beiden alten Leute in ihrem Archaikum über jedes Kommen ihres Ziehkindes von Herzen freuten. Zwei Jahre später war die Gais beschlagen worden und nun kam sie mit ihrem Bockkitz in Abständen wieder zum Haus gezogen, zierte sich vorsichtig in den Hausgang und nahm die ihr angebotene Milchschüssel an. Ihr Kitz jedoch blieb stets vor der Haustür, hin und her gerissen zwischen Furcht vor den ihm unheimlich erscheinenden Menschen und dem angeborenen Trieb, der Mutter zu folgen.

Der Vater und sein Pirschführer kamen dann zurück und ich erspare mir, alle Pirschgänge und Ansitze im einzelnen zu beschreiben, einmal weil ich's nicht will und auch nicht kann, denn ich wurde ja stets in der Obhut der Frau Försterin gelassen. Zwei Dinge aber blieben mir eingeprägt. Zum einen die Erklärung, daß selbst vier Jägerhax'n für eine Pirsch oder einen Ansitz zuviel seien, zum anderen, daß mein Vater am Morgen des letzten Tages unseres Aufenthalts doch noch seinen Hirschen schoß.

Alt war er und zurückgesetzt, ein respektabler Zwölfender und etwa vom zwölften Kopf. Und weil es denn doch zu schwer zum Liefern für die beiden Herren war, wurden unsere Rappen vor das Tafelwagerl gespannt und nach gut zwei Stunden lag der Geweihte vorm Forsthaus zur Strecke. Das Verblasen ersparte man sich, denn man wollte Neugierige fernhalten.

„Gell, Herr Direktor, ein bisserl Wildbret werden'S schon mögen und die Frau Gemahlin wird sich auch freuen." Wer mochte in den damaligen Zeiten des Mangels zu solchem Angebot schon Nein sagen. Ganz ungefährlich waren solche Sonderzuteilungen nicht, denn von höchsten Stellen war die Jägerschaft im Befehlston aufgefordert, Wildbret von Schalenwild abzuliefern und der Volksernährung zuzuführen. Und so mancher kleine Ortsgruppenleiter oder Systembeflissene wartete nur darauf, irgendeinen oder irgendwen hinzuhängen und der Bestrafung als Volksfeind zuzuführen. Die Ausnahme blieb nur, wenn dem betreffenden „Volksgenossen" ein Ziemer über die Mauer in auffangbereite Hände geworfen wurde.

Am Nachmittag nämlichen Tages wurde für die Heimfahrt eingespannt und wohlversehen mit Waidmannsheil, guten Wünschen und einem gewaltigen Schlegel traten wir die Heimfahrt an. Die Sonne stand nicht mehr zu hoch und ich erinnere mich an die Stimmung, die uns damals umgab. Vom Schwarzdunkelgrün des nahen Waldes veränderten sich die Farben ins Hellere, ins Bläuliche und Violette am Horizont, Berg und Hügel sich an den anderen reihend, ein Bild unendlichen Friedens. In den Tälern stieg leichter Nebel auf. Ich ahnte damals noch nicht, daß ich niemals wieder hierher kommen würde und daß dies auch der letzte gemeinsame Grüne Weg war, den ich mit meinem Vater gehen konnte. Ein wenig Wehmut lag über allem. Vielleicht war's schon eine Vorahnung von den Dingen, die wenige Jahre später über uns kommen sollten. Haus und Hof erreichten wir schon in der Dunkelheit.

Am nächsten Sonntag sollte dann Vaters Beuteteil zu einem Festessen hergerichtet und in die Ofenröhre geschoben werden. Die Knödel, wie wir sie von daheim her kannten und schätzten, wurden hergerichtet und mein Vater durchsuchte seinen Kellerbestand nach einem passenden Rotwein, den er über die Zeit gerettet hatte. Aber der Hirschschlegel machte dennoch größere Sorgen, denn wiewohl stundenlang gebraten, zur Kontrolle herausgenommen und angestochen, gewendet und wer weiß noch, wie behandelt, wollte einfach nicht weich und essbar werden. Schlußendlich saß die vierköpfige Familie vereint in einem nicht fernen Wirtshaus, wo man uns Serviettenknödel und Schwammerlsoße servierte. Den Schlegel aber hat meine Mutter, die eine vorzügliche Köchin war, dann doch noch der Volks-, oder sagen wir ehrlich, der Familienernährung zugeführt und der Fleischwolf leistete gute Arbeit.

Nachdem nun alles darauf ausgerichtet war, den „Endsieg" zu erringen, hatte man sich für Schüler ab der Untertertia und deren Sommerferien etwas ausgedacht. Jeder mußte – natürlich attestiert – eine Art „Kriegsdienst" ableisten, entweder beim Hopfenzupfen in der Gegend von Saaz oder beim Bauern und der zu erbringenden Erntearbeit. Kein Mensch in heutiger Zeit kann sich dieses Leben in Ver- und Anordnungen noch vorstellen. Aber solchen Dingen konnte und durfte man sich nicht entziehen.

Nun hatte es aber elterlicherseits einen Kontakt zu einer Gräfin K. gegeben, die im oberen Zwodautal ihr burgähnliches Schloß bewohnte und es gelang, mich zwecks Ableistung vorbeschriebenen „Kriegseinsatzes" beim Oberförster H. in Verbindung zu bringen. Der bewohnte mit Frau und pechschwarzhübscher Tochter ein eher stattliches Forsthaus im Orte Prünles, weit oberhalb von Ort und Bahnstation Bleistadt.

Die Zeugnisse waren verteilt und daheim streng bewertet, als ich mich, versehen mit dem Nötigsten, schon auf der Bahn befand, die mich zuerst nach Bleistadt brachte, von wo aus ich noch gut eine Stunde ständig bergauf zu gehen hatte, um schließlich in jene oberförsterliche Idylle zu gelangen, die nicht nur für mehr als die erforderlichen Wochen mein Zuhause sein sollte, sondern einen unauslöschlichen Eindruck wie Einfluß für mein Leben haben sollte. Von Faulenzerei konnte dabei keine Rede sein, denn von Beginn an wurde ich zum Holzvermessen, Waggonbestellen (für die Abfuhr des geschlagenen Holzes), zu Reviergängen und zu Brandwachen, insbesondere an den Wochenenden eingesetzt. Nebenbei gab es Listen zu erstellen über Holzeinschläge und Lieferungen. Und dann waren da jene morgendlichen Pirschgänge mit dem „Chef" oder die Abendansitze im „Achterschlag", denn der Rehwildabschuß mußte erbracht werden. Da die meisten Jäger in jenen Tagen im Feld standen, mußte dies vom Herrn Oberförster allein durchgeführt und getätigt werden. Ich hatte das Gefühl, daß er mich gern bei sich hatte und er wurde des Erklärens und Belehrens nicht müde. Zuerst einmal lernte ich, Geduld zu haben, mich auch angesichts austretenden Wildes, ruhig zu verhalten und ständig zu beobachten. Die Verständigung auf dem Sitz zwischen uns beiden erfolgte grundsätzlich nur durch ein kurzes „Rempeln" mit dem Arm und ein Deuten mit dem Kopf. Und nach dem Schuß hieß es erst einmal, ruhig sitzen zu bleiben. Dann kam die Inbesitznahme, das Aufbrechen, das ich unter seiner Anleitung nach dem vierten Rehbock dann auch selbst vornehmen mußte, gern übrigens, denn ich war hier, um etwas zu lernen. Im Grunde genommen gab es Beschäftigung, Arbeit und Lernen rund um den ganzen Tag und die für gemein vorherrschende Ansicht, ein Förster habe sich lediglich seine lange Pfeife anzuzünden, Büchse und Hund zu nehmen, um mit diesen Begleitern im Wald spazieren zu gehen, wurde mir sehr bald und eindeutig widerlegt.

Ich will nicht sagen, daß die Handvoll Holzknechte – heute sagt man ‚Waldfacharbeiter', die hier noch ihr Brot verdienten, mich übermäßig gern mochten, aber sie machten sich einen Spaß daraus, mich stets als „Herr Adjunkt" anzusprechen. Teils mag es spöttisch gewesen sein, zum anderen war man in diesem Land ohnehin gern bereit, Titel, auch wenn sie unangebracht waren, zu vergeben oder mit ihnen herumzuschmeißen oder mit ihnen zu kokettieren.

Eine liebenswerte Zeitgenossin hatten wir im Haus. Es war die Kurzhaardackelhündin „Hexe", die man mir nach einiger Zeit auf meine Wege mitgab. Zum ersten Mal kam ich so in Berührung mit jener liebenswerten Hunderasse, die mich dann auch in späteren Jahren begleitete. Es ist über diese Hunde viel geschrieben und viel Papier verbraucht worden. Vieles stimmte, was ihren Charakter angeht. Haus- und Jagdgenossen, die viel Liebe und Aufmerksamkeit erheischen, passioniert (wenngleich ich dieses abgedroschene Wort ungern verwende) im jagdlichen Bereich, oftmals übers Ziel hinausschießend und dennoch auch viel gebend an Treue und Anhänglichkeit. Gerade diese Rasse aber verbürgt, daß keiner dieser Vierbeiner so ist, wie der andere. Schon in den einzelnen Würfen gibt es große Unterschiede an angewölften Eigenarten. Nun, die „Hexe" begleitete mich während meiner ‚Prünleser Tage' fast immer, ja, man kann sagen, daß wir die besten Freunde wurden. So weit man das von der Dachshündin sagen konnte, zeigte sie sogar so etwas wie Gehorsam. Nur, schnallen durfte man sie im Revier nie, denn so bald sie eine warme Fährte fand, war die Hündin verschwunden und man mußte lange Zeit am Platz verharren, bis sie sich nach geraumer Zeit bereit fand, wieder zu erscheinen, unschuldig schauend mit schiefem Kopf, fast so, als wolle sie fragen, ob ich gegen ihre Abwesenheit etwas einzuwenden habe. Dabei wußte sie ganz genau, daß ich zuweilen mehr als wütend war und sie

in Abwesenheit mehrfach als „Mistvieh" bezeichnet hatte.
Anderseits war „Hexe" recht brauchbar und sie lieferte an einem vernebelten Augustmorgen den Beweis ihres angewölften Könnens. Wir hatten nämlich bei einem abendlichen Pirschgang in den Stauden und Büschen des Achterschlages einen krummziemerigen, offenbar abgekommenen Rehbock in Anblick, dem die rechte Stange fehlte. Eine Möglichkeit, ihn an diesem Tage zu erlegen, bestand nicht, da er sich immer wieder drückte und irgendwelches Grün zwischen sich und den Lauf der oberförsterlichen Büchse brachte. Also gab es nur die Möglichkeit, am nächsten Morgen vor Sonnenaufgang auszurücken und uns anzusetzen. Noch lag Nebel über dem Waldkessel. Die Hündin lag uns zu Füßen und hatte es wohl gern, daß ich meinen Mantel über sie legte. Es dauerte nicht lang, daß sich nämlicher Bock in gut schußbarer Entfernung zeigte. Mein Lehrprinz brachte einen Schuß an, der Bock – es war wohl mehr ein Böcklein – zeichnete und verdrückte sich mit vorgeschobenem Haupt und Träger in den nächsten, wohl zehnjährigen, Fichtenbestand und das hieß: Nachsuche! Oberförster H. schnallte sie sofort und sie fand den Weg, wohl geleitet durch hinweisende Worte, zum Anschuß, windete kurz und war mit Spurlaut in der Dickung verschwunden.
„Du wirst sehen, sie findet ihn," meinte der Oberförster. Und tatsächlich hörten wir, nicht weit entfernt, sehr bald ihren Standlaut, dann ein scharfes Keifen, Knirschen, dann nichts mehr. Aber die „Hexe" kam aus der Dickung, freudig mit der Rute wedelnd und uns durch unmissverständliches Gehabe auffordernd, ihr nunmehr zu folgen. Es war ein mühseliges Vorwärtskommen im dichten Bestand. Zudem war es tropfnass und das in den Nadeln stehende Wasser lief uns zum Kragen hinein. Aber sie führte uns sicher zum Bock, der verendet vor uns lag. Nur, es fehlte nun auch die zweite Stange. Und dann bekam ich die Weisung, nicht zuerst den Bock aufzunehmen, denn der ge-

hörte, wie die Hündin richtig meinte, nur ihr und ihrem Herrn.
„Ja, Hexe, und wo ist das zweite Stangerl ? Such nach!" Und wieder machte sich die Hündin davon. Wir hörten lange Zeit nichts von ihr. Nur das Wischen in den Fichten ließ uns erkennen, daß sie eifrig bei der Suche war. Dann endlich kam sie zurück. Tropfnass und verdreckt, aber die Stange hatte sie im Fang und brachte die „Trophäe" zu ihrem Herrn. Zwei blütenweiße Rosenstöcke leuchteten uns an. Dies war mein erstes Stück Wild, das ich unter fachkundiger Anleitung aufgebrochen habe. An den Sitz der Kugel kann ich mich nicht mehr erinnern und wenn ich's könnte, würde ich es nicht zu Papier bringen, denn in späteren Jahren und jägerischem Tun mußte ich erkennen, daß nicht jeder Schuß ein Sonntagsschuß ist.
Zwei Stunden später war ich mit dem Hund wieder unterwegs zu den Holzknechten, um Holzmaße aufzunehmen. An diesem Tag aber schlief die Hündin neben einem Holzstoß und jodelte gelegentlich vor sich hin. Sie träumte ganz sicher von ihrer Heldentat.

Eine kriegseinsatzgemäße Beschäftigung waren die Brandwachen an den Wochenenden. Während der Werktage waren noch die wenigen übrig gebliebenen Holzmacher in den verschiedenen Revierteilen unterwegs und bei der Arbeit. Am Wochenende aber tummelten sich vornehmlich Beerensucher und Pilzesammler „im Wald und auf der Heide". Und da konnten Dinge passieren und entstehen, an die man besser nicht einmal denken mochte. Insbesondere die Frauen aus den umliegenden Agrikeln nahmen hier mit Inbrunst die Vermehrung des Speisezettels wahr und achteten wenig der bestehenden Bestimmungen, ab wann Beeren gebrockt werden durften und zudem gingen sie mit Kämmen zu Werke, mit denen sie auch unreife Früchte und auch viel Blattwerk in ihre Eimer füllten. Wußten sie aber einen „Aufpasser" im Revier, so konnte man ihr Tun schon etwas kontrollieren und sie waren zumindest verunsichert, wenngleich man wohl den „jungen Herrn Förster" nicht so ganz ernst genommen haben mag.

Auf jeden Fall bekam ich für dergleichen Ausgänge neben einem Kanten Brot und einer Feldflasche mit einem sich Tee nennenden Getränk auch – und jetzt werden sich manchem Sachbearbeiter und Paragraphenreiter in sämtlichen Jagdbehörden die Haare aufstellen – eine Doppelflinte ausgehändigt, nicht, um damit Elstern und Krähen zu schießen, sondern um im Notfall zwei Hebschüsse abgeben zu können und die Försterei zu alarmieren. Nicht vermag ich's zu sagen, wie stolz ich angesichts solch großen Vertrauens war. Vierzehn Jahre war ich zu diesem Zeitpunkt alt, was man bedenken sollte!

Den Ort Prünles selbst, am Südhang des Erzgebirges gelegen, muß man sich aus einer Reihe einzelnstehender Gebäude, kleiner Leute Höfe mit zuweilen einer Kuh und ein paar anderen Haustieren, die man essen oder deren Produkte man gut verwenden konnte, vorstellen. Die Männer arbeiteten meist in irgendwelchen Fabriken und versorgten nebenbei ihr Vieh und ihre Wirtschaft. Früher hatte man mit der Schmuggelei hinüber ins nördlich gelegene Sachsen noch ein paar Kronen dazuverdienen können. Damit war's ja nun nichts mehr, denn die politischen Verhältnisse hatten sich verändert und das „Schwarzgehen" brachte nichts mehr ein. Aber ein wenig Fallen stellen und sonstige Lumpereien brachte dann noch manchen Sonntagsziemer auf den Tisch und wenn ich mir's heute vergegenwärtige, so ist unschwer zu erkennen, daß rundum ein gewisses Einverständnis und stilles Wissen in dieser Ansammlung menschlicher Wesen vorhanden war, die durch nichts zu durchbrechen war, nicht einmal von jenem, schon in die Jahre gekommenen, Gendarmen mit seinem kackfarbenen Tschako und seiner giftgrünen Uniform, der allgegenwärtig schien, dem man freundlich den in damaliger Zeit befohlenen Gruß bot, den man aber dagegen nach bestem Können haßte und zum Teufel wünschte.

Nach guten fünf oder sechs Wochen endete mein erster Aufenthalt in dieser abgeschiedenen, stillen Welt. Dann nahte auch das Ende der Sommerferien und bald saß ich wieder hinter meinen Büchern, meinem Ovid und den Gesetzen der Algebra und ich weiß, daß ich mich in mancher Schulstunde gedankenverloren ins geliebte Prünles zurückversetzte. Ende des dreiundvierziger Jahres, mein 15. Geburtstag stand an, erhielt ich den Einberufungsbefehl als Luftwaffenhelfer und ehe man sich's versah, war man der Schule entronnen und in einer Flakbatterie in Brüx. Und was euphorisch begann, wurde bald bitterer Ernst, denn die das dortige Hydrierwerk angreifenden alliierten Bomberverbände nahmen keine Rücksicht auf jene, die ihnen ihre Granaten entgegenschickten, gediente Flaksoldaten oder Buben, denen man klarzumachen versuchte, daß ihr Einsatz von kriegsentscheidender Bedeutung sei. Jetzt traten Schule und eigene Interessen zurück. Auch wurde die militärische Situation immer schlimmer. Aber just an jenem 2O. Juli 1944, dem Tag, an dem das Attentat auf Hitler verübt wurde, konnte ich einen längeren Heimaturlaub antreten. Während der Bahnreise heimwärts hörte man von Altgedienten, daß an jedem Bahnhof Feldgendarmerie warte und die Urlauber gnadenlos zu ihren Einheiten zurückschicke. Also galt es, wollte man diesem Zugriff entkommen, auf dem Heimatbahnhof auf der Bahnsteig abgewandten Seite auszusteigen und dann möglichst schnell und ungesehen sich von dannen zu trollen. Gut und ohne Probleme schaffte ich die Heimkehr und niemand belästigte oder holte mich, obwohl man in diesen Zeiten vor nichts und vor niemandem sicher sein konnte. Kurzum, ich kam gut und für die Meinen überraschend zu Hause an. Um vieles drehten sich die Gespräche, denn vieles hatte sich verändert. Vater kränkelte und saß fast teilnahmslos in der Familienrunde. In Haus und Wohnung hatte es eine wundersame Vermehrung der Bewohner gegeben, denn man hatte Flüchtlinge aus Schlesien aufnehmen müssen, die ihre Heimat hatten verlassen müssen. Wehklagen, Kindergeschrei, ungewohntes Gewusel an allen Ecken und Enden. Mutter verstand, daß ich mich für kurz oder länger nach Prünles begeben wollte und schon wenige Tage später saß ich im Zug nach Bleistadt. Meine Lederhose, die Jopp'n und der Rucksack ließen mich wieder ein wenig anders herschauen als in Uniform.

Als der Zug im Bahnhof einläuft, sehe ich Oberförster H., der im Gäuwagerl mit dem Braunen hergekommen ist. Wahrscheinlich geht's um Waggons für Holzabfuhr oder ähnliches und es dauert einiges, bis ich zu ihm hintreten kann. Und da freut sich dieser grundgute Mann, legt seinen Arm um mich und sagt, „dich habe ich heute überhaupt nicht erwartet. Komm, setz Dich auf den Wagen und fahr mit. Meine Frau und die ‚Hexe' werden sich auch freuen." Auf dem Weg zum Forsthaus berichtet er von Veränderungen. Von den fünf Holzmachern ist nur noch einer da, die anderen wurden eingezogen. Wahrscheinlich schon an der Front. Aber der alte Hans, der nun allein die ganze Arbeit machen soll, ist überfordert. Allein kann man keine Bäume fäl-

len. Aber der Hans bringt solches doch fertig. Und auch, wenn ihm seine Tabakspfeife hinderlich im Mundwinkel hängt – er schafft sein Pensum. Nun ja, er geht auch schon an die Fünfundsechzig und die lebenslange schwere Holzarbeit hat ihre Spuren hinterlassen. Natürlich sprechen wir auch vom Attentat und von den vielen Dingen, die jetzt über das Land hereinbrechen.
Hier oben in Prünles meint man, im tiefsten Frieden zu sein. Die Leute grüßen freundlich, der froschgrüne Landgendarm reißt die rechte Hand zum Gruß empor, als er uns auf seinem Fahrrad strampelnd begegnet.
„Wie geht's? Wie viele habt ihr denn schon abgeschossen?" (Er meint damit feindliche Flugzeuge). Ich gebe Antwort, wie sich's gebührt, nicht zu viel, nicht zu wenig. Im Grunde ist's mir nicht recht, daß er mich gesehen hat. Dem Manne traue ich nicht.
Im Forsthaus angekommen, vollführt die kleine „Hexe" einen Freudentanz und die Frau Oberförster steht schon mit der Entschuldigung in der Tür, daß sie heute nichts Außergewöhnliches auf den Mittagstisch stellen könne. Aber ich habe auch ein wenig mitgebracht, ein wenig Schokolade, eine Rarität und einen Pfeifentabak für den Chef. Und als wir unsere Suppe löffeln, muß ich berichten.
„Wie lange kannst denn bleiben," werde ich gefragt. „Einen, zwei, drei Tage, wenn ich nicht zur Last falle." „Gut," meint Herr H., „dann bleib, so lang du willst. Ein Bett ist vorhanden und verhungern lassen wir dich auch nicht." Und dann fügt er hinzu: „Wenn sie euch schon hinter die Kanonen stellen und Ernst machen, dann will ich dir auch eine Freude machen. Ab heute Abend setzen wir uns auf einen Rehbock an und wir tun's so lange, bis du ihn geschossen hast."
Es ist nicht zu schildern, was ich in diesem Moment fühle. Meinen ersten Rehbock. Ohne Jugendjagdschein. Das alles erregt mich und ich muß aufstehen und vor die Haustür treten, um mich selbst in den Griff zu bekommen.

Am frühen Nachmittag absolviere ich hinter dem Haus, denn einen Schießstand sucht man hier vergebens, ein paar Probeschüsse und sie fallen eher gut aus. Und als sich die Sonne gegen Westen neigt, ziehen wir selbdritt, denn die „Hexe" muß auch mit, hinüber zum Achterschlag. Unterwegs bekommen wir den alten Hans in Anblick, der uns müde und offenbar verdrossen entgegenschlurft. Als der Oberförster seiner ansichtig wird, nimmt er mir augenblicklich die Büchse ab und schultert sie selbst. „Der muß nicht alles wissen!" Auf Schrittweite herangekommen, verfällt der Hans sofort ins Lamentieren und schildert weitschweifig seine Schwierigkeiten.

„Aber, Herr Oberförster," meint er dann, „do hint' war heit Nachmittag a gouta Bock g'stand'n. Wann'S den schieß'n, der wär bestimmt recht. Na ja, Waidmannsheil." Damit wendet er sich ab und zieht schleppenden Ganges davon. Wir sind froh, daß sich kein längeres Gespräch ergeben hat. Noch ein kurzes Stück und wir können einschliefen in den Bodensitz, von dem aus man den Kessel weithin und gut überschauen kann. Der Hund macht sich's bequem auf einem Wetterfleck und dann sind wir umschwirrt von Mücken, Fliegen und allem, was einen Saugrüssel hat zum Quälen der armen Jägerlein. „Kinderblut mögen's besonders," bringt leise mein Mentor zwischen den Lippen heraus und lächelt dabei. Kurze Zeit später berührt er mich leicht am Arm. Unten tritt aus dem mannshohen Fichtenbestand eine Gais aus, sichert lange und nach allen Seiten. Kurz darauf wird's unruhig hinter ihr. Zwei Kitze folgen. Sie wissen noch nichts von Gefahr. Sie folgen nur der Mutter, in deren Nähe sie Sicherheit wissen. Die Gais nascht an Gräsern und Stängeln, zuweilen aufwerfend, um sich kurz darauf wieder der Nahrungsaufnahme zuzuwenden. Es ist ein Bild des Friedens. Dann aber wirft sie ihr Haupt herum. Sie äugt nach dem Bestand, zieht ein wenig in die Blöße hinein, aber ständig sichernd. Und plötzlich erscheint zwischen den Stangen des

Bestandes ein dunkles Haupt – ein Bock. Wir verfolgen alles mit den Gläsern an den Augen: Ein rechter Braver scheint er zu sein, ein Sechser, ziemlich eng gestellt, aber schwarz wie Kaffee. Wie weit? Das werden 120 Schritte sein. Dann schaut man ihn voll, denn er hat sich nun auch heraus geschoben. Er sichert, aber äsen will er jetzt wohl nicht. Scheinbar uninteressiert äugt er zur Gais. Da erhalte ich einen weiteren Rempler: „Das ist deiner. Und jetzt schieß!" Über Kimme und Korn gehe ich langsam ins Ziel, ziehe den Schaft ein, atme noch einmal durch.
Der Bock wird den Schuß nicht mehr gehört haben. Er ist nicht mehr zum Schauen. Ich erinnere mich keines Kugelschlages, keiner Bewegung – einfach weg ist er.
„Waidmannsheil," höre ich den Oberförster sagen und weil ich's im jugendlichen Drängen nicht mehr aushalte im Sitz, hält er mich beim Ärmel fest.
„Laß ihm Zeit, sein Leben auszuhauchen. Und dabei kann er weder dich noch mich gebrauchen," werde ich belehrt und erst nach geraumer Zeit ziehen wir gemeinsam zum Anschuß. Glücklich und dankbar nehme ich seine Stangen in die Hand und betrachte meine erste Beute vom Stamme der Rehigen. Es ist kein Urbock, aber mein Erster und ich bin glücklich, überglücklich.
Aufbrechen möchte und soll ich den Bock und ich tu's. Währenddessen entfernt sich der Oberförster. Und dann steht er hinter mir, reicht mir den Bruch mit „Waidmannsheil" und lachend meint er dann noch, dies sei nun einmal das Glück des Anfängers, aber so sei es ihm vor vielen Jahren auch ergangen. Daß ich so schnell zu Schuß kommen würde, habe er nicht vermeint. Ein wenig hätte St. Hubertus mich schon noch zappeln lassen dürfen, das sei ihm nun doch alles ein wenig zu schnell gegangen.
Den Bock will und soll ich wohl auch selbst zum Forsthaus liefern. Mein väterlicher Freund macht auch keine Anstalten, mir dabei behilflich zu sein. Nur die Büchse trägt er selbst. Weiß der Himmel, wer einem da noch unerwünscht begegnet. Und ich

gesteh's: Ein paar Mal muß ich schon absetzen mit den wohl dreißig Pfund auf dem Rücken und im Rucksack.
Am nächsten Tag wird das Haupt ausgekocht, nachdem es eine Nacht im Brunnen vorm Haus verbrachte. Es wird mir versprochen, daß das Gehörn bestens hergerichtet wird und beim nächsten Besuch in der Kreisstadt meiner Schwester übergeben werden soll.
Nach dem einfachen Abendmahl sitzen wir noch auf der Bank vor der Tür, sprechen über dies und jenes. Es ist auch viel Belangloses dabei. Am nächsten Morgen muß ich heimfahren. Als ich das Forsthaus verlasse, ist es sonderlich still in der Runde. Zu viel hat sich in den letzten Tagen in unserem Land ereignet. Das Radio hat's verkündet. Glück- und Segenswünsche gehen hin und her und natürlich Worte des Dankes. In diesem Moment ahne ich nicht, daß mich meine grünen Wege nie wieder hierher führen werden, ahne nicht, daß ich die mir liebgewordenen, gütigen Menschen und das stille, von Sonnenglanz umwobene Prünles mit seinen dunklen Wäldern und dem Platz, da ich meinen ersten Rehbock streckte, nie jemals wieder sehen würde.
Die Nebenbahn, die mich nach Hause bringt, ist fast unbesetzt und ich habe Zeit, träumend das herrliche Land an mir vorbeiziehen zu lassen. Daheim, beim Auspacken meines Rucksackes fühle ich etwas Weiches: Der Oberförster hat mir doch wirklich einen Rehschlegel eingepackt, ohne daß ich etwas davon bemerkte. Das wird das festliche Familienessen, bevor ich wieder zu meiner Einheit zurückfahren muß. Und wie sich dann herausstellt, ist er zart wie Butter.
Die Apokalypse bricht über uns herein. Alles wird in alle Winde vertrieben und zerstreut. Das grausame Ende jenes unsinnigen Völkermordens hat uns in seinen Strudel gerissen.
Die Erinnerung an jägerisches Erstlingsglück aber, an die Stille und Schönheit der Wälder, an wohlmeinendes Verständnis der Menschen, die hier lebten, wird bleiben.

Bei Forellen und Äschen

Forellen mit der Hand zu fangen, durchs hohe Gras an einen Gumpen heranzukriechen und der Forelle am Bauch zu streichen und sie dann mit festem Griff hinter den Kiemen zu pakken und an Land zu werfen, hatte ich schon in frühester Jugend gelernt. Man brauchte dazu nur einen Lehrmeister in Gestalt eines älteren Dorfbuben, von denen es mehr als genug gab. Anderseits mußte man sich damals vor den alles sehenden und gestrengen Augen des Großvaters hüten, dem solches Treiben nicht recht war, wenngleich er den Streichen seines Enkels eher wohlwollend zusah. Wenn dann aber ein oder zwei Fische gefangen waren, wußte man zuweilen nicht, wohin damit, denn wenn erst einmal die Beute im Haus war, begann ein großes Versteckspiel und die Großmutter gab die Fische dann meist außer Haus, um der bohrenden Fragerei des Hausherrn aus dem Weg zu gehen.

Einmal aber hatte der Großvater Wind bekommen, hatte sich von hinten an mich herangeschlichen und mich mit einem kräftigen Tritt ins Wasser fallen lassen, wohl in der Meinung, daß ich vom Beutemachen dieser Art ein für alle Mal geheilt sei. Gelernt aber hatte ich damals schon, daß die besten Plätze im Wasser immer von fast gleich großen Forellen aufgesucht und besetzt wurden, und daß die einträglichsten Fänge in Gumpen und Widerwassern zu erwarten sind. Hatte man eine aus ihrem Element befördert, dauerte es meist nicht lange, bis eine ähnlich große diesen Platz eingenommen hatte. Zudem wurde mir bewußt, daß Bachforellen sich nicht gern von guten Plätzen fortbewegten, von Plätzen, da ihnen Nahrhaftes zugetrieben wurde und wo die feinsten Fliegen einfielen, die zu ihrer Leibspeise gehören. Eugen Roth hat diesem Umstand in seinem liebenswerten ‚Tierleben' ein paar Zeilen gewidmet, wo es heißt „Die rotgetupfte Bachforelle steht meistens an der gleichen Stelle".

Abgesehen vom lustigen Reim bewunderte ich den Schriftsteller, daß er sich, der Allgemeinheit ansonsten wenig bekannten Einzelheiten, so gut auskannte.

Wenngleich ich diese Art zu fischen mit der Zeit recht gut beherrschte, hatte ich irgendwann keine große Lust mehr daran, denn es kam die Zeit, wo man sich eine Angelgerte selbst zurecht bastelte. Zu einer Gekauften reichte das Taschengeld nicht. Und jetzt kam auch die Zeit, da man mit großväterlicher Erlaubnis, natürlich mit Maß, der Fischerei nachgehen durfte und als es dann eines Tages einmal hieß, es käme am nächsten Tag Besuch ins Haus, der auch zu Mittag bliebe und ich solle doch sechs Bachforellen fangen, war mir bewußt, daß ich in die Gilde der Fischer aufgenommen war. Und überdies bewies man mir, daß man Vertrauen in mein Können setzte, ein Umstand, der damals für mich sehr wichtig war. Diese Fische für die Pfanne nach Hause zu bringen, war keine all zu große Kunst, zumal fast jeder Wurf mit dem Spinner ein Erfolg war. Damals standen in unserem Bach unendlich viele Forellen, da auch in jedem Jahr reichlich junge Fische eingesetzt wurden, eine Aktion, an der ich schon als Bub teilnehmen durfte und sollte. Das alles war seinerzeit noch bei weitem nicht so technisch perfekt wie heutzutage. Die Setzlinge wurden in zwei großen Bottichen angeliefert, in welche Sauerstoff mittels einer vom Großvater selbst erfundenen Pumpe geblasen wurde. Deshalb mußte die ganze Aktion möglichst schnell vor sich gehen und Freunde, Verwandte und Nachbarn waren eifrig dabei, die Fischlein in ihr zukünftiges Nass und Zuhause zu bringen. Anschließend gab es für die Helfer reichlich Bier und zu essen, kurzum, es war immer ein kleines Fest.

Bei der Fischerei wurde streng darauf geachtet, daß das Brittelmaß eingehalten wurde, ja, der Großvater setzte das Mindestfangmaß selbst noch hinauf und unter achtundzwanzig Zentimeter durfte kein Fisch entnommen werden.

Am Weihnachtstag, ich war gerade Dreizehn geworden, lag unter dem Christbaum eine Spinngerte, allerdings dreiteilig, was bekanntlich die Aktion eines solchen Gerätes erheblich beeinträchtigt. Aber man schaut ja dem geschenkten Gaul nicht in die Zähne..., nun ja. Alles ist eine Frage der Gewöhnung. Es ging ganz gut mit dem Fischen. Vor allem hatte diese Rute einen ganz besonderen Vorteil, von dem ich hier erzählen muß. Meine Schwester hatte sich zu einer recht guten Violinistin entwickelt und so war es der Wunsch meiner Eltern, ich solle Klavierspielen lernen und sie träumten wohl schon von trauten Musikabenden, an denen ihre Kinder sie mit schönen Melodien erfreuen sollten. Eine ausgewählte Lehrerin machte mich misstrauisch, indem sie mich ständig wegen meines Könnens und meiner Musikalität lobte, obwohl ich selbst von meinen Künsten am wenigsten überzeugt war. Das einzige, was ich nach langem Üben zustande brachte, war der ‚Hohenfriedberger Marsch', den ich dann aber auch laut und dröhnend zu Gehör brachte. Die wöchentlichen Klavierstunden wurden mir bald zur Last und ich konnte meine zerlegbare Angelrute leicht statt der Noten in einer Ledermappe verstauen. Natürlich schwänzte ich die für meine Begriffe öden Klavierstunden. Das ging so lange gut, bis besagte Dame meinen Vater zufällig auf der Straße traf und ihn fragte, warum ich denn nicht mehr zum Unterricht zu ihr käme. Es gab eine sehr ernste Aussprache zwischen Vater und Sohn, hatte aber keine ernsthaften Folgen für mich, außer ein paar Tagen Hausarrest. Schließlich hat mein Vater dann doch eingesehen, daß man nichts erzwingen kann. Mit einem vergleichsweise harmlosen Donnerwetter durfte ich meinen ehrenhaften Abschied aus der Musikszene nehmen. Mit Gerte, Spinner und Mepps umzugehen, war bald eine Selbstverständlichkeit für mich und so erfreute ich mich ungetrübter Fischerfreuden, bis ich eines Tages eine Bekanntschaft machte, die, was das Fischen anging, alle meine bis dahin geltenden Regeln über Bord warf. Ich fischte in der Oberpfalz in der Lauterach, einem jener wunderbaren Juragewässer, das nicht nur einen hervorragenden Fischbestand aufwies, sondern darüber hinaus auch Bach- und Regenbogenforellen ganz besonderer Güte aus dem Wasser holen ließ. Sah ich da eines Tages einen etwas rundlichen Herrn, wohl in meinem Alter, ruhig und konzentriert seine Fliegengerte werfen und ab und an einen Erfolg haben. Ich ging meiner Beschäftigung in der Nähe nach und hörte jenen Fliegenfischer rufen. Just in diesem Augenblick hatte er den Biss einer überaus starken Bachforelle, mit der er nun kämpfte und wohl mit seinem Kescher nicht so gut zurecht kam. Kurzum, er erbat meine Hilfe. Nach längerem Kampf mit der wehrhaften ‚trutta fario' gelang es ihm, den Fisch über das von mir bereit gehaltene Netz zu führen und ins Gras zu legen. Ich staunte nicht wenig, nicht nur über den Fang, dessen Gewicht wohl bei drei Pfund lag, sondern über die feine Ausrüstung, über das leichte Geschirr, mit dem es ihm gelungen war, diesen Erfolg zu erzielen. – Es war der Beginn einer langen Freundschaft. Carlo, wie er hieß, hatte einen schweizerischen Vater und eine holländische Mutter, er war ein Typ, den nichts aus der Ruhe brachte, im Gegensatz zu mir, der ich eher zur Hektik neigte – auch heute manchmal noch. Ich gebe zu, daß ich von dieser Art zu fischen, fasziniert war. Was mich jedoch an diesem Tage noch mehr überraschte war, daß er seinen Fang, nachdem er den feinen Haken aus dem Fischmaul entfernt hatte, wieder ins Wasser zurücksetzte mit dem Bemerken, er sei an einer alten Forelle nicht so sehr interessiert. Zudem käme es ihm mehr auf die Überlistung des Fisches an und nicht so sehr auf das Fleisch dieser Geflossten. Und dann fragte er mich, ob ich das Fischen mit der Fliege nicht auch einmal probieren möchte. Ich erinnere mich, daß dieses Unterfangen an diesem Tage gründlich in die Hose ging. Ständig verfing sich die Schnur in Bäumen und Sträuchern hinter mir und nur selten kam die montierte Fliege auf der Wasseroberfläche zu liegen.

„Ja, ja", meinte der neue Bekannte, „das sind die Freuden des Sommers." Ich brachte es in diesem Sommer zwar nicht zu großer Meisterschaft, aber immerhin lernte ich den richtigen Wurf, erfuhr viel über die richtige Fliege zur richtigen Zeit, das Fertigen von Vorfächern, die nach Methoden der ganz Großen in diesem Metier gebunden wurden und als die Saison zu Ende ging, hatte ich nicht nur einige gute Ergebnisse mit der Fliege erzielt, sondern auch der Spinnfischerei entsagt, die zwar in aller Regel zu schnellerem Erfolg führte, dafür aber ein Vielfaches weniger an „Sport", wenn man denn Angeln oder Fischen als solchen bezeichnen darf. Genauso wie bei der Jagd kommt es doch hier darauf an, zu pirschen, sich möglichst unauffällig und ungesehen am Wasser zu verhalten, dem Fisch, der seinen Standort in vielerlei Weise verrät, das richtige Menu in Form einer imitierten Fliege vorzusetzen, ihn beißen zu lassen und dann schnell zu reagieren, das heißt, den gefangenen Fisch so schnell wie möglich heranzudrillen und über Kescher oder Gaff zu führen. Überdies verschaffte ich mir Einblick ins Fliegenfischen, als ich mir das von großem Verstand zeugende Buch, ,Erlebtes Fliegenfischen' von Charles C. Ritz, dem feinnervigen und kenntnisreichen Altmeister dieser Kunst, einverleibte. Es war eine Lektüre, die einen zu fesseln verstand, zumal hier nicht, wie's so oft üblich ist, Kenntnisse vorenthalten, sondern sehr offen weitergegeben werden. Es ist so etwas wie die Bibel seiner Jünger.

Im Jahr darauf hatte ich es fertiggebracht, mir eine ,Gespließte' zu kaufen, die schon damals und für die seinerzeitigen Verhältnisse nicht eben billig war. „Typ Traun" war ihr Name, speziell angefertigt für den berühmten Fischermeister Hans Gebetsroither, der an der Traun lebte und dort seinem Beruf nachging. Für ihn hatte Charles Ritz eine Gerte fertigen lassen, die all diese Dinge wie Körpergröße und Gewicht des Fischers, seine Art zu werfen und natürlich auch die Beschaffenheit des zu befischenden Gewässers, berücksichtigte. Sie lag mir sehr gut in der Hand und ich konnte mit ihr bald darauf einige recht gute Ergebnisse erzielen.

Eines Tages, es war April, drängte mich mein Freund Carlo zu einem Ausflug an die Wiesent, jenem herrlichen Fluß, der östlich vom oberfränkischen Forchheim die Fränkische Schweiz durchfließt und für seinen Fischreichtum, aber auch für die Schwierigkeit, zum Erfolg zu kommen, bekannt ist. Es hätte mich stutzig machen müssen, daß ich aufgefordert wurde, einen Abendanzug mitzunehmen, ganz abgesehen von den Utensilien zum Fischen. Nach einigen Stunden Anreise begegnete ich hier einer Gruppe von Herren aus Frankreich und Belgien, die wohl zwei- oder dreimal im Jahr im Hotel Würfel in Muggendorf Quartier nahm und einige Tage mit der Fliege fischten. Ich merkte sehr bald, daß ich bei aller Freundlichkeit und Akzeptanz, die man mir entgegenbrachte, in eine Art Loge oder in einen Orden geraten war. Alle Gespräche drehten sich um Morgen- und Abendaktivitäten der Forellen und Äschen, um wichtige Wetterfragen, denn bei Wind und rauer Wasseroberfläche sind andere Fliegen zu verwenden als bei ruhig fließendem Wasser und überdies sprachen sie von Mitgliedern ihrer Vereinigung, die zwar nicht anwesend waren, jedoch über außergewöhnliche Fähigkeiten verfügen mußten, den Salmoniden erfolgreich nachzustellen. Und ich merkte auch, daß Carlo H. in diesem Kreis anerkannt war. Zwei Begebenheiten beeindruckten mich so sehr, daß ich sie hier schildern möchte.

Anläßlich des ‚Abendsprungs' hatten wir die Flußstrecke aufgeteilt. Jeder fischte auf etwa zwei Kilometer und es galt als unfair, sich über den zugewiesenen Teil des Wassers hinaus zu bewegen. Die Maifliegen waren zu dieser Zeit noch nicht geschlüpft, so daß man die Imitate den wählerischen Fischen nicht anbieten konnte. Also hatte ich eine ‚tups' ans Vorfach gebunden, von der ich glaubte, daß sie gut angenommen werde würde. Einige Ringe auf der Wasseroberfläche, die anzeigten, daß die Fische stiegen, ließen mich hoffnungsvoll die ersten Würfe vollführen. Leider ohne Erfolg. Also mußte ich etwas falsch machen! Wieder und wieder ließ ich die künstliche Fliege oberhalb der Standorte der Fische auf die Wasseroberfläche fallen. Plötzlich stand Monsieur Jean-Philip neben mir, betrachtete mein erfolgloses Treiben und meinte dann in seinem liebenswerten Deutsch mit französischen Akzent „das is nisch die rischtige Musch! Warte!" In seiner Hosentasche hatte er kleine Federn, Wolle und auch Haken. Und dann drehte er und biß Federn und Fäden ab und reichte mir mit einem lustigen Lächeln das soeben gefertigte Gebilde, das ich nun statt meiner ‚tups' ans Vorfach band und nach zwei Würfen eine wunderbare Äsche fangen konnte. Ja, und beim Landen des Fanges half mir Monsieur auch noch.

„Wie saggt man bei Eusch? Petri Eil!" Ich war um seine Hilfe recht dankbar, denn es hätte auch sein können, daß mir der gute Fisch – er wog etwas mehr als zwei Pfund – das sehr feine Vorfach gebrochen hätte.

Am selben Wasser beobachtete ich wenig später am Unterwasser einer Mühle im glasklaren Wasser eine mächtige Forelle und versuchte, ihr eine Trockenfliege anzubieten und als sie auf diese nicht reagierte, eine Nymphe vor das Maul zu lancieren. Leider ohne Erfolg. Dagegen gesellte sich der Bäckermeister aus dem kleinen in der Nähe befindlichen Laden zu mir, zündete sich eine Zigarre an und meinte dann unter eher belustigtem wie mitleidigem Grinsen „„...das is da Konrad. Den hod no kaaner gakriecht. Der is schlau!" Ich nahm's zwar zur Kenntnis, gab aber nicht auf und probierte mein Glück weiter. Nach einiger Zeit bemerkte ich, daß einer, der Jüngste der Salmoniden-Experten, auf dem Weg daherschlenderte, auf mich aufmerksam wurde und herantrat. Es entwickelte sich so eine deutsch-französische Unterhaltung, in der ich ihm klarzumachen versuchte, daß die da unten stehenden Forelle absolut nichts mit mir zu tun haben wollte. Da belehrte er mich, daß es nie gut sei, sich von der Flossenträgerin sehen zu lassen, bat mich etwas zurückzutreten und setzte dann zum Wurf an, nachdem er eine sehr kleine Kunstfliege an seinem Vorfach angebunden hatte. Schon beim ersten Wurf – die Fliege saß exakt über der Forelle – gab es einen Schwall und Monsieur bat mich, mit dem Kescher unter die herangedrillte Beute zu fahren und beim Bergen dieses Prachtexemplars zu helfen. Und ich mußte erkennen, daß meine Fertigkeiten im Fliegenfischen doch noch reichlich verbesserungsbedürftig waren. Dem Herrn Bäckermeister aber schien die brennende Zigarre vor Schreck oder Bewunderung im wahrsten Sinne des Wortes aus dem Mund zu fallen.

Das allabendliche Essen im Hause ‚Würfel' war jedes Mal eine Wohltat an Stil. Bei Kerzenlicht wurde in aller Regel vom Fang des Tages gegessen, der Wein war erlesen, denn es gab genügend Kenner und Genießer unter den Anwesenden und die Stimmung war gedämpft, aber sehr gut. Natürlich drehte sich alles um die Ereignisse des Tages und vor allem wurden immer wieder jene spöttisch aufgezogen, die am Wasser irgendeinen, wenn auch unbedeutenden, Fehler gemacht hatten. Ich kam während der Unterhaltung hinter so manchen Schlich und Dreh und vernahm beispielsweise, daß ein Bäcker aus Günzburg beim Hersteller von Kunstfliegen in Chambery einen ganzen Waschkorb von dessen Erzeugnissen erstanden hatte, nur um zu verhindern, daß andere an diese Kostbarkeiten herankämen. Es wurde geschwärmt von den Salmoniden am Doubs, an der Risle und Andelle. Nur wurde mir mit der Zeit die Art der Unterhaltung ein wenig zu viel, denn mein mangelhaftes Französisch hinderte mich daran, wirklich aktiv an den Unterhaltungen teilzunehmen und wenn gelacht wird und man den Witz dann erst übersetzt bekommen muß, um dann ‚nachlachen' zu können, dann stimmt etwas nicht. Und zudem hatte ich daheim mit der

Jagd auch noch zu tun, ein Grund mehr, mich elegant zurückzuziehen und ich glaube nicht, daß meine neuen Freunde hinter mir herweinen.

Frau Würfel, und das muß hier lobend erwähnt sein, war eine hervorragende Köchin und ich will nicht verhehlen, daß ich nie eine bessere ‚Äsche blau' als bei ihr gegessen habe. Aber wie sie es fertig brachte, daß sich die Fische im Topf ringelten und auch so serviert wurden, blieb ihr Geheimnis. Andere werden mir an den Kopf werfen „nichts leichter, als das", ich jedoch, der ich leidenschaftlich koche, habe es nicht zu diesem Können gebracht.

Aber schließen wir den Bogen und erinnern uns eines herrlichen Sommertags, da ich mit Frau und fünfjähriger Tochter auf einer idyllischen Alm in unseren Bergen weilte. Es wurde musiziert und gesungen. Einige von der Jagerei saßen mit uns vor der Hütte und die gesetzlichen Bestimmungen bezüglich der erlaubten Biermengen waren noch nicht so eng und drastisch gezogen wie heutzutage. Es war alles in allem ein Tag zum Genießen. Der Nachwuchs hatte freien Auslauf und tobte ums Haus herum. Oder zog mit der Zeit immer weitere Kreise, ohne daß sich jemand Sorgen machen mußte. Ganz in der Nähe wußten die Kinder einen eiskalten Gebirgsbach, der natürlich ihr Interesse weckte. Es dauerte wohl eine halbe Stunde, als das Töchterlein plötzlich vor uns stand, strahlend und stolz und in der hoch erhobenen Hand hielt sie eine etwa halbpfündige Regenbogenforelle. Auf Befragen, woher sie diesen Fisch denn habe – mir schwante Schlimmes – gab sie unumwunden zu, diese mit der Hand gefangen zu haben. „Das geht ganz leicht," meinte sie, „soll ich Euch zeigen, wie man das macht?" Ich konnte mir das Lachen nicht oder nur sehr schlecht verkneifen und vermochte sie auch nicht zu tadeln. Nur einer der Anwesenden fühlte sich unter dem Lachen der Runde zu der Feststellung bemüßigt, der Apfel falle nun einmal nicht weit vom Stamm.

Eine Geschichte aber möchte ich nicht für mich behalten, wenngleich sich's um einen Esox, einen Hecht und eine besondere Begebenheit dreht.

Es war im Frühjahr des Jahres 1946, als wir bei Verwandten in einem kleinen Dorf an der Donau nach Flucht und Verlust unserer Habe untergekommen waren und ich zwecks Versorgung der restlichen Familie nicht nur Knechtsarbeit angenommen hatte, sondern auch ständig auf der Suche nach Essbarem sein mußte, denn die Verpflegungslage war alles andere als gut, woran sich alle erinnern werden, die diese Zeiten der Not und des Hungers auch erlebt haben.

Die Donau war über die Ufer getreten, hatte die Felder überflutet und war nun auf dem Rückzug in ihr eigentliches Bett. Ich weiß nicht mehr, warum ich damals durch diese Gefilde streifte, zumal der Boden noch vor Nässe troff und es ein elendes Vorankommen war. In den Ackerfurchen stand noch immer Wasser, Vögel fühlten sich angesichts meines Kommens gestört und stiegen lauthals schimpfend empor. Und plötzlich sah ich etwas Unerwartetes: In einer Furche stand ein Hecht, wohl an die sechzig Zentimeter lang, unfähig, weder vor- noch rückwärts zu entkommen. Er hatte den Rückzug ganz schlicht übersehen. D a s war ein Essen! Als ich hinzu trat, gewahrte er die Gefahr, die von mir ausging und schleuderte sich selbst aus dem verbliebenen Naß und lag nun etwas höher auf blanker Erde. „Zugreifen!" war mein erster Gedanke. Ich tat's, bedachte aber nicht der Wehrhaftigkeit eines Todgeweihten. Denn kaum streckte ich meine Hand gegen ihn aus, schnappte er nach mir und hatte schon zwei Finger meiner rechten Hand zwischen seinen Zähnen. Bis ich mich davon wieder befreit hatte! Es dauerte schon eine Weile. Ich fand einen morschen Stecken, mit dem ich ihn betäuben und dann mit dem Taschenmesser „abnickte". Überflüssig zu sagen, daß diese „Beute" daheim bei den Meinen Jubel auslöste. Mit ein paar Gewürzen und Kartoffeln bereitete meine Mutter ein Festmahl, das wir alle nie vergessen.

Der Eisgraue

Bereits im Januar fand ich einen Brief vor, der die Einladung zur Rehbrunft im Burgenland enthielt. So konnte ich planen, was zwar nicht immer mit den Interessen meiner Familie korrespondierte, dann letztlich immer hingenommen wurde, zumal die Meinen wußten, daß die sommerliche Reise ins Burgenland für mich ungleich wichtiger war, als ein Aufenthalt in irgendwelchen südlichen Badeorten, wo Langeweile und für meine Begriffe überflüssiger Firlefanz regierte. Aber bis dahin war's noch lang und weit. Aber wie man weiß, auch die längste Zeitspanne neigt sich in unserem Dasein einmal dem Ende zu und gegen die Mitte des Juli machte ich mich auf den Weg in die pannonische Idylle, die mir seit Jahren immer wieder jägerische Freuden und ein unbeschwertes Dahinleben bescherte. Angekündigt, freudig aufgenommen und bestens versorgt war ich im nahen Haus des Oberförsters, der aber in diesem Jahr mehr mit dem Anlegen und Bauen von Forststraßen beschäftigt war. So stand ich heuer unter dem freundlichen Kuratel des Jägers Janos Kusz, dessen Behausung fast unmittelbar an der österreichisch-ungarischen Grenze lag, aus der, nahte man mit dem Auto, immer wieder neues Leben heraussprudelte. Wie die Orgelpfeifen stand dann die Jugend vor der Tür, immer Mitgebrachtes erhoffend und auch bekommend.
Ich bekam den „Rehhimmel" zugewiesen, eine Waldwiese, mehr denn hundert Meter breit und noch um einiges länger, umgeben von Fichtenbeständen unterschiedlichen Alters, leicht abfallend und am unteren Ende in einem dichten Erlenwäldchen, sumpfig und kaum einsehbar, endend. Den Namen hatte diese Wiese erhalten, weil hier vor etlichen Jahren einer auf einen Schlag siebzehn Stücke Rehwild geschaut hatte und den Ort nun für das rehjägerische Paradies auf dieser Welt hielt. Zwar hatte auch ich hier stets guten Anblick, aber mehr als vier Stück und ein paar

Hasen hatte ich hier noch nie ausmachen können.

Am oberen Ende dieser Fläche nun hatte besagter Janos einen stabilen, wenngleich nicht übermäßig bequemen Hochsitz in eine alte Eiche hineingezimmert, der den Vorteil bot, stets gut gedeckt zu sein, andererseits fast nie im schlechten Wind stand. Noch heu-

„Rehhimmel"-Impression

te ist der „Eichbaum", bei allen, die dort jemals saßen, in guter Erinnerung. Zunächst einmal hatte ich, wiewohl morgens und abends ansitzend, die liebevoll eingepackten Brote der Frau Oberförster verzehrend, kein rechtes Waidmannsheil und ich kam lange Zeit nicht zum Schuß. Einmal war das Böckerl zu jung und dann das Treiben der Böcke, in das hineinzuschießen mir widerstrebte. Dann wieder tummelten und ästen hier Gaisen mit ihren weißgefleckten Kitzen und einige Zeit war es der Anblick, der mir Freude verschaffte. Eines Morgens dann äste ein Knopfbock langsam über die Wiese, hier und dort naschend, aber deutlich erkennbar, stark abgekommen. Er lag im Feuer, machte noch ein paar Schlegler und dann konnte ich an ihn herantreten, ihn aufbrechen und zum Wagen verbringen. Hatte er noch vor dem Schuß ein eigenartiges Verhalten erkennen lassen, so wurde mir nun klar, daß er schon einmal beschossen worden war, allerdings, und das war das Böse an der Sache, mit Schrot. Ein Licht hatte man ihm ausgeschossen.

Tags darauf zeigte mir der Janos das ausgekochte Haupt. Eine Schrotkugel steckte im Stirnbein. Am Abend konnte ich einen etwa dreijährigen Bock auf die Decke legen, der angesichts seines zurückgebliebenen und verqueren Kopfschmucks mit Sicherheit nicht zu den erwünschten Vererbern seiner Art zählte. Also, ein zweites Mal zum Janos, der mich mit Waidmannsheil begrüßte, sicher aber nicht erfreut darüber war, nun schon wieder mit Arbeit bedacht worden zu werden.

Denn das Versorgen des Wildes war seine Aufgabe und außerdem war er mit dem Verkauf des Wildbrets beauftragt und in diese Obliegenheiten mochte ich mich nicht ungefragt einmischen, zumal ich mich des Eindrucks nicht erwehren konnte, daß Herr Kucz bei dieser Arbeit keine Mitwisser oder Zuschauer mochte. Er mochte es lieber, einem nach angeratener Zeit, die von ihm mit Hingabe hergerichtete Trophäe zu präsentieren und die erhoffte Belohnung in Empfang zu nehmen. In dieser Beziehung war er ein ausgekochter Psychologe.

Nächsten Tages war ich mit Büchse, Glas und Wurstbroten wieder beim Eichbaum. Das Wetter war herrlich, es war nicht zu warm, recht angenehm, so daß mich eine Art von Wurstigkeit überkam. Zu einem über mir im Eichbaum holzenden Marder

mochte ich nicht einmal hinaufschauen und der, in der vor mir liegenden Wiese stechende leuchtendgelbe Bienenfresser, regte mich auch nicht sonderlich auf. Zur Linken trat eine rote Gais mit ihrem Kitz unter ständigem Aufwerfen und Sichern aus, naschte und zupfte an den Gräsern, während sich das Junge eng an ihrer Seite hielt, bis sie nach einer Weile wieder zu Holze zogen. Dann stand ein paar Meter ein junges Böckerl heraus, um sich dem gleichen Tun hinzugeben. Immer weiter zog er zur Mitte des „Rehhimmels" aus, wobei er ständig hinab zum Wiesenende sicherte. Wartete oder befürchtete er etwas oder jemanden? Das ging so eine Weile, ohne daß sich Sonderliches ergab, dann aber blieb er mit einem Ruck stehen, warf auf und äugte angestrengt in jene Richtung von mir weg. Und da rührte sich tatsächlich etwas. Zuerst war eine rostrote Decke zu sehen - ein Reh. Mit gestrecktem Träger kam es aus dem Erlengrund langsam heraufgezogen, ohne auch nur einmal nach rechts oder links zu äugen. Tief hielt es das Haupt und dann konnte ich urplötzlich erkennen, was und wer da auf wohl hundert Gänge vor mir war. Das war ein Bock! Aber was für einer! So etwas hatte ich noch nicht geschaut. Das verwaschene Haupt war unauffällig und eisgrau, aber was er als Kopfschmuck trug - nein, es war unaussprechlich. Doppelt lauscherhoch stand da eine mächtige Krone. Im Glas erkannte ich Dachrosen und eine ausgefallene Perlung. Das war ein Alter, ein König, ein, nun suchen wir nicht nach Vergleichen oder Namen, die ihm ohnedies nicht angemessen waren. Der junge Bock hatte sich schon lange in seinen Einstand oder seine Dickung zurückgezogen. Und der Alte? Ein Äugen nach links, eines nach rechts und dann war er, ohne daß ich hätte ausmachen können, daß er auch nur ein Gräslein gezupft hätte, nach rechts im jungen Fichtenbestand verschwunden. Ein wenig wippten noch die Zweige nach und dann war's still. Oben zog ein Bussard seine Bahn.

Ich war vom Gesehenen aufgewühlt. Selbst wenn dieser Urian auf der Wiese geblieben wäre - ich hätte ihn nicht geschossen. Ein solcher Bock gehört nicht dem Gastjäger, dem zudem noch so viel an jagdherrlicher Großzügigkeit entgegengebracht wird.

Ich baumte ab, denn auch die Sonne stand nahe des Horizonts. In Gedanken ging ich zurück zum Wagen, in der Absicht, noch ein wenig Abendessen einzunehmen und den Rest des Abends im Oberförsterhaus unter der gemütlichen Stehlampe lesend zu verbringen, bis mir die Augen zufielen. Es sollte aber anders kommen. Auf der Landstraße erkannte ich im Scheinwerferlicht den Jagdherrn. Er war zu Fuß unterwegs und wollte mein Anerbieten, ihn in sein kleines Jagdhaus zu bringen, nicht annehmen. Als ich aber darauf bestand, willigte er ein und meinte, „nun, wenn'S noch eine Flasche Wein mit mir trinken im Haus..." und so waren wir bald in seiner gemütlichen Bleibe angekommen, wo uns von geübter Hand ein vortrefflicher Rotspon serviert wurde. Und dann mußte ich das am Abend in der untergehenden, goldversponnenen Sonne Geschaute berichten, weil ich's nicht an mir halten konnte und mein Gönner lächelte ein wenig in sich hinein, weil, wie ich vermutete, meine Schilderung doch sehr lebhaft gewesen war. Dann meinte er, „schön, daß Sie den Bock entdeckt haben. Ich kenne ihn auch. Ich werde ihn aber nicht erlegen, denn sein Bruder steht drüben in den Auwiesen. Beide sind sechs Jahre alt, und den Bruder werde ich nächstes Jahr schießen. Ihrem „Eisgrauen" aber lassen wir auch noch ein Jahr Zeit, damit er sich gut vererben kann - und dann sollen Sie ihn erlegen." Meine Gefühle dieses Augenblicks will ich nicht wiedergeben. Es gibt viele Arten des Glücks. Aber dann fuhr er fort: „....und wenn`S einverstanden sind (so vornehm konnte er Wünsche aussprechen), dann lassen wir im nächsten Jahr die Brunftjagerei. Mir ist's von Herzen zuwider, wenn die Böcke mit Blattern, Grashalmen und Buchenblättern von ihrem minniglichen Vorhaben abgelenkt werden. Schließlich wollen wir ja auch nicht im Bett neben unseren Frauen zu Tode befördert werden." Mit diesen Worten wurde eine zweite Flasche des hervorragenden „Blaufränkischen", der hier in der gleißenden Sonne des Burgenlandes wächst, entkorkt. Und dann kamen wir auf ein weiteres jägerisches Thema, das ihm zu schaffen machte. Bei der Lösung des Problems könne ich ihm, da ich ja noch Zeit genug habe, ein wenig zur Hand gehen.

Wem anders, als diesem großherzigen Jagdherrn konnte man dabei seine Hilfe verweigern!

Seit einigen Jahren kamen aus dem nahen Ungarn, das ja praktisch „auf der anderen Straßenseite" lag, durch den brüchig gewordenen Drahtzaun eine größere Zahl von Schwarzkitteln, die auf „unserer" Seite erheblichen Wildschaden anrichteten und folglich auch am Portemonnaie des Jagdherrn zerrten. So sollten tunlichst einige Stücke, möglichst Überläufer, geschossen werden, um dem Treiben ein Ende zu bereiten, wenn's denn gelänge. Ich solle, wenn's mir gefiele, alles Weitere mit dem Jagdaufseher besprechen. Der habe Anweisung, mir in allem behilflich zu sein. Und damit war Herr Janos Kusz gemeint.

Wenig später hatte ich Gelegenheit, mir die teuren Folgen des Auftretens der Schwarzkittel näher zu betrachten. Drei Weizenfelder hatten sie regelrecht verwüstet, immer dergestalt, daß sie die Getreidehalme am Rand der Felder stehen ließen und nur inmitten der Frucht alles umbrachen.

Das Vorgehen besprach ich mit Herrn Kusz, der mir verriet, daß es einen aussichtsreichen Sitz in einem Baum gäbe, der jedoch nicht besonders bequem und überdies direkt über dem Grenzzaun angebracht sei. Nach meinem Verständnis würde ich also mehr oder minder „auf dem Eisernen Vorhang" sitzen, aber der Jäger beruhigte mich. „Ungarische Grenzer nicht beese. Ich kennen. Sind immer freundlich". Und im Gedenken an die freundlichen Grenzer, die unter mir ihren Patrouillengang machen würden, bezog ich am nächsten Abend jenen Sitz, der mehr ein Kinderspielzeug, denn ein ernstzunehmender Hochsitz war.

Um die zehnte Abendstunde traf auf dem von mir beobachteten Weizenfeld die Schwarzkittel -Vorhut ein. Es waren an die zehn Sauen, Überläufer und Frischlinge, die sich aber so geschickt zwischen den stehengebliebenen Getreidehalmen verbargen, daß es unmöglich war, einen sicheren Schuß anzubringen. Es dauerte auch nicht mehr als eine halbe Stunde, als das Gros der Rotte auf dem Schauplatz des Geschehens erschien.Jetzt gab es ein Schmatzen und Grunzen, ein Brechen und Graben, daß man's bis zu meinem Sitz vernehmen konnte. Einen Überläufer konnte ich mit dem Zielfernrohr fassen - und dann brach der Schuß. Augenblicklich hatte der ganze Spuk ein Ende und die ganze Streitmacht war eilends in ihre ungarische Heimat zurückgekehrt. Ich selbst rührte mich dennoch nicht. Zum einen war ich noch vom nächtlichen Schuß geblendet, zum anderen mochte ich's nicht darauf ankommen lassen, daß der Schuß vielleicht doch irgend jemanden „von der anderen Seite" herbeirufen mochte. Es blieb alles still, aber draussen im nun verlassenen Feld lag etwas, was tatsächlich wie ein schwarzer Koffer ausschaute. Als ich dann doch abgebaumt hatte und den Weg zum „Koffer" gefunden hatte, lag vor mir ein Überläufer, den die Kugel auf der Stelle hatte verenden lassen. Da ich in der Nacht nicht mit der roten Arbeit beginnen wollte, zog ich den Kujel zur nahe vorbeiführenden Straße, holte mein Fahrzeug und lud ihn auf. Dem Herrn Janos wollte ich noch einen Besuch abstatten und dabei den Überläufer abliefern, denn im Fahrzeug sollte er bis zum nächsten Morgen nicht bleiben. Man weiß, warum! Wiewohl schon im Bett gewesen, stand Herr Kusz schon im Nachthemd in der Tür, wünschte „Waidmannsheil", nahm das Stück aus dem Fahrzeug und hängte es in die Wildkammer. „No, wird Chef Freude haben". Dabei grinste er, wünschte mir gute Nacht und verschwand wieder im Haus. Ich hatte Verständnis für ihn und machte mich selbst auf den Weg zur oberförsterlichen Bleibe.

Der nächste Morgen brachte Regen, so traurig und anhaltend, wie man sich's nie wünschen mochte, aber nach dem Frühstück machte ich mich wieder auf den Weg zum Jagdaufseher, den ich gerade bei der Arbeit des Zerwirkens antraf. Wir rauchten eine Zigarette und erstmals kam ich mit ihm in ein längeres Gespräch, da er mir ein wenig von sich und seinem Lebensweg erzählte. Im „Sechsundfünfziger-Jahr" war er mit dem Jagdherrn während des Aufstandes in Ungarn nach Österreich geflüchtet, natürlich unter Mitnahme seiner Familie und nachdem die Besitzverhältnisse für den Jagdherrn im Burgenland geregelt waren, hatte er Anstellung als Jagdaufseher gefunden. Etwas anderes hatte er nicht gelernt und lebte daher sein Leben mit den zahlreichen Seinen hier am Rande der westlichen Welt, war zufrieden, stets freundlich und hilfsbereit - und kinderreich. Wie die Orgelpfeifen kullerten und purzelten seine Nachkommen aus dem Haus, wenn man sich näherte, stets in Erwartung irgendwelchen Mitbringsel. Wenn man's wußte, konnte man entsprechend vorsorgen.

Es regnete weiter. An einen Ansitz war heute nicht zu denken, wollte man sich nicht die Decke vollwaschen lassen und so verschlief ich ein paar Stunden, um dann den Abend mit einem guten Abendessen und einer Flasche Burgenländer Rotweins zu beenden. Dabei amüsierte ich mich regelmäßig über den Wirt des gepflegten Gasthofes, der es nicht unterlassen wollte, für mich die hochtrabendsten Titel zu erfinden und mich damit anzureden. War ich zuerst ein „Herr Doktor" und hatte ich ihm gesagt, daß ich mich solch akademischen Titels nicht rühmen dürfe, machte er sodann einen Forstrat und später einen „Herrn Baron" aus mir, ohne sich weiter um meine Einsprüche zu kümmern. Es war sinnlos, ihm solches ausreden zu wollen und mir schien, daß er sich selbst mit Prominenz aufwerten wollte. Für mich war entscheidend, daß er weit und breit den besten Wein im Keller hatte.

Ohne die Absicht, rehjägerisch tätig zu werden, sondern vielmehr ein wenig zu schauen, saß ich in der Morgendämmerung wieder im „Eichbaum" und hatte nach einigem Warten das Glück des Wiedersehens mit dem „Eisgrauen". Wie gewöhnlich zog er vom Erlengrund herauf, ohne auch nur einmal zu naschen. Als er die Wiese erreicht hatte, sicherte er lang und stolz, um sich dann der Dickung zuzuwenden. Wahrscheinlich würde er seinen Rundgang am Abend noch einmal unternehmen. Aber er hatte mir Gelegenheit gegeben, seinen Kopfschmuck noch einmal zu bewundern und ich konnte nur nochmals feststellen, daß dieses ein alter, reifer Urian war, dem nun mein Hoffen und Streben bis ins nächste Jahr gelten würde. Und ich wußte, daß auch dies jägerisches Glück bedeuten konnte.

Am Mittag wurde ich von daheim angerufen. Meine Frau teilte mir mit, daß meine baldige Rückkehr vonnöten sei und da ich erkannte, daß der Grund ausreichend sei, die Siebensachen zu packen und die Heimreise anzutreten, sagte ich meine Ankunft für den übernächsten Tag zu. Insgeheim dachte ich natürlich an einen nochmaligen Ansitz auf die Sauen, denn erst wieder im Geschirr, wußte ich, daß ich so schnell nicht wieder herauskommen würde. So suchte ich am Abend wieder meinen Sitz über dem Stacheldrahtzaun auf, um vielleicht doch noch einen aus der schwarzen Rotte zu bekommen. An diesem Abend aber wechselten ständig dunkle Wolken mit kurzen Phasen hellen Mondenscheins ab und als dann die Sauen wieder auf den Plan traten, konnte ich mit meinem Absehen im Zielfernrohr buchstäblich nichts sehen. Vielleicht war's auch gut so, denn gegen die elfte Stunde hörte ich unter mir ein ungarisches Zwiegespräch, das sich so, wie es gekommen war, auch wieder entfernte. Aber auch, wenn Janos Kusz erklärt hatte, daß die „Grenzer nicht beese" seien - darauf ankommen lassen mußte ich's nun wirklich nicht.

Im Herbst des gleichen Jahres kam ich wieder ins vertraute Revier. Treibjagd war angesagt und aus früheren Begebenheiten wußte ich, daß sich da eine recht illustre Gesellschaft versammelte. Man kannte sich und so wurde der Abend vor dem ersten Treiben zu einer recht amüsanten Sache. Besonders eine im Nachhinein lustige Geschichte möchte ich gern aus der Feder heraus erzählen. Wir standen zu viert mit unseren Sektgläsern im Vorraum herum und es kam ein kleiner, aber um so temperamentvoller Herr neben mir zu stehen und wie ich heraushören konnte, war er österreichischer Botschafter in einem europäischen Land, der recht kurzweilig erzählen konnte, so daß bei uns eine Lachsalve nach der anderen zu hören war. Plötzlich streifte er seine Zigarrenasche in meinem noch zur Hälfte gefüllten Glas ab. Zuerst bemerkten es die Umstehenden, dann ich und zum Schluß der Übeltäter. Und wieder begann alles zu lachen. Und dann lehnte sich der Genannte zu mir herüber und meinte, „da sehen'S amol, wie deppert ich schon geworden bin", entschuldigte sich und ließ mir ein neues Glas kommen. Es war, wie immer, gesellig und die Freude, in diesem herrlichen und wildreichen Revier jagen zu dürfen, und dies im Beisammensein mit freundlichen und interessanten Menschen war groß.

Am nächsten Tag wurden vier Treiben angesetzt, die doch an den Kräften einzelner älterer Herren zehrten, obwohl wie stets eine große Frühstückspause eingelegt wurde. Aber die rechte Begeisterung war nicht bei allen zu erkennen. Die Strecke war, gemessen an den vorangegangenen Jahren, nicht übermäßig. Ein paar Füchse hatte man gestreckt, Hasen und Fasanen hatte man reichlich geschossen und auch ein paar Rebhühner waren am Abend zur Strecke gelegt. Janos Kusz hatte einen schweren Tag, denn von der Einteilung der Schützen bis zur Verpflegung und Organisation der Treiber lastete alles mehr oder minder auf seinen Schultern. Und er war auch kaum ansprechbar. Irgendwie aber gelang es mir dann doch, ihn nach dem „Eisgrauen" zu fragen, er aber antwortete wahrheitsgemäß, „naa, Herr, keine Zeit haben, viele Arbeit, ein paar Gaisen schießen, no, und jetzt Treibjagd - immer viele Arbeit." Weiter mochte ich nicht in ihn dringen. In der den k.u.k. Berufsjägern eigenen Vornehmheit wollte er mir sagen, ich solle ihn doch heute mit der Fragerei in Ruhe lassen, er habe genug zu tun. Abends, nach dem Schüsseltreiben, wandte sich der Jagdherr an mich. Nachdem die meisten der Herren morgen früh wieder heimfahren würden, wolle er mit etwa zehn Jägern und Treibern noch vier oder fünf Treiben veranstalten und es wäre ihm recht, wenn ich mich dabei immer etwas in seiner Nähe halten würde. Zwar kannte ich den Grund nicht, aber ich hoffte doch, meinen Anteil an der Strecke schiessen zu können. Aber während der ganzen Nacht hatte wieder Regen eingesetzt und als wir nächsten Tags zur ‚Böhmischen Streife' antraten, nieselte es und der Boden war schwer. Zehn Jäger und die gleiche Zahl „Schützentreiber" waren's dann noch, die sich über die lehmschweren Felder dahinschleppten. Nach dem zweiten Trieb waren alle von oben bis unten eingeweicht und so fand der Vorschlag des Jagdherrn, ins Dorf zu ziehen und dort beim Gastwirt, (es war ein anderer, als der Vorerwähnte), Stärkung und Wärme zu suchen, allgemeine Zustimmung.

Ich kam in der Nähe des Schanktisches zu sitzen und führte bei Würstl und Bier eine angeregte Unterhaltung mit einem freundlichen Herrn aus Wien, als plötzlich mein Blick auf eine kapitale Rehkrone fiel, die über dem Schanktisch auf einem jämmerlichen Bretterl montiert war und eigentlich ob ihrer enormen Größe Perlung und Vereckung jedermann sofort auffallen mußte. Ich betrachtete das Monstrum von Rehkrone eingehend und immer wieder und mein Gesprächspartner mochte sich wundern, warum ich wie entgeistert zur Wand starrte. Es war der „Eisgraue", dessen war ich mir völlig sicher.

Der Wirt, dem Wildbret mehr denn der Jagd zugetan, erklärte mir auf vorsichtiges Befragen, daß sein Schwiegervater diesen Bock in Ungarn geschossen habe. Man wisse ja, daß es solche Kapitale nur dort und nirgends anders gäbe. Junger Mann, dachte ich bei mir, viel Ahnung hast du auch nicht. Aber dafür kannst du lügen wie gedruckt. Ich wollte das Gespräch nicht ausufern lassen und beließ es dabei, wenngleich ich doch immer wieder hinüberschauen mußte.

Wer weiß, wie und auf welchem Wege diese Krone hierhergekommen sein mochte, der Besseres hätte widerfahren können, als in diesem verräucherten Gasthaus unwürdig und unbeachtet an eine öde Wand genagelt zu werde. Ich weiß nur, daß mir für den Rest des Tages ziemlich flau im Magen war. Ich hatte den „Eisgrauen" wiedergesehen. Es gab nichts mehr zu hoffen, zu schauen, zu ersehnen. Dieser Bock war gemeuchelt worden.

Der Ischiasbock

In all den Jahren waidmännischen Wirkens hatte ich nicht nur das Glück, die Zeit und den guten Freund E.R., daß es mir vergönnt war, von Anfang an die Rehbockjagd mit wildem Herzen zu erleben, sondern auch die unwiederbringliche Freude, Geringen, Guten und Kapitalen die Totenwacht halten zu können. Und wenn man, wie ich, in einem ursprünglichen Gebirgsrevier das Wild über Jahre beobachten und auch hegen durfte, so ergab sich aus all dem Schauen und Erleben ein eigentümliches, fast sogar inniges Verhältnis zum Leben in dieser einsamen Glückseligkeit.

In jenem Jahr allerdings, in dem sich die hier erzählte Geschichte zutrug, hatte ich geschäftlicher Verpflichtungen wegen und einer Reihe unaufschiebbarer Reisen die Rehbrunft verpassen müssen. Die herrlichen Sommertage im Alpbachtal durfte ich nur ahnen, während ich in aufreibenden Konferenzen und zermürbenden Besprechungen zuweilen entdecken mußte, daß ich, wie es wohl anderen Zeitgenossen auch ergeht, Kritzeleien in meinem Notizbuch fand. Oft waren's urkomische geometrische Gebilde und nicht zu entziffernde Produktionen, die ich in geistiger Abwesenheit oder gar aus Langeweile produziert hatte. Was mir aber immer wieder von der Hand kam, waren Rehkronen, hingeworfene Skizzen grazilier Rehe oder Gams. Überflüssig, zu sagen, daß mir's zuweilen peinlich war, wenn jemand einen unerlaubten Blick in meine Unterlagen warf und dann das Geschaute mit einem Lächeln, schlimmer aber mit abweisender Miene bedachte.

Die Zeit der Rehbrunft war schon vorüber, als ich endlich Zeit fand, die mich immer beengende Stadtkleidung mit der alten und bewährten Joppen zu vertauschen, Büchse und alles Notwendige aufzunehmen und in dem auch nicht mehr ganz fabrikneuen fahrbaren Untersatz zu verstauen, mit dem ich die nicht allzu weite Fahrt ins geliebte Tal antrat. Ich wußte, daß die Böcke, so sie nicht schon dem Bejagungsplan entsprechend ihr Ende gefunden hatten, jetzt vom ungehemmten Liebesspiel ermattet, meist auch tagsüber, in den Einständen niedergetan waren, um wieder zu Kräften zu kommen. Was aber konnte ich mehr erwarten, als ein paar unbeschwerte Tage auf der Hütte meines Freundes zu verbringen, die uns nun schon seit vielen Jahren nicht nur Schutz vor Wettern und Wärme in eiskalten Nächten gewährt hatte, sondern auch Stunden mit guten Gesprächen, fröhlichem Lachen und manchem erlesenen Tropfen, der trotz des beschwerlichen Aufstiegs hier immer dank der Fürsorge des Besitzers zu finden war.

Natürlich hatte ich vor Antritt der Reise telefonische Auskünfte über die jägerischen Möglichkeiten eingeholt und hatte vom immer freundlichen Herbert, seines Zeichens Berufsjäger im Revier des Freundes erfahren, daß ich nur kommen solle, denn, so drückte er sich aus, wann immer er es für angeraten hielt, „... a bissl wos geaht allaweil..." Und wenn's mit den Rehen nichts mehr sei, so seien „die Gams ja auch schon auf", womit er sagen wollte, daß die Schußzeit fürs Gamswild ab ersten August schon begonnen hatte.

Als ich auf der Hütte ankam, war dort zu meinem Aufenthalt alles bestens gerichtet. Für die geplante Woche würde es also an nichts fehlen. Nur hatte mich die während des einsamen Aufstiegs aufkommende Schwüle gestört und Myriaden von Mücken hielten mich wohl für ein willkommenes Abendessen. Jedenfalls stürzten sie sich auf mich und alles Abwehren und Herumschlagen half nichts. Die erlegten Stechmücken standen in einem recht ungleichen Verhältnis zu den immer auf's Neue Heransummenden. Die Konsequenz ließ dann auch nicht lange auf sich warten. Kaum, daß ich mich auf der Bank bei der Hüttentür niedergelassen hatte, um die abendliche Stimmung noch ein wenig zu genießen, kamen urplötzlich grauschwarze

Wolken auf und das aus der Ferne hörbare Grollen ließ ein nicht unschweres Sommergewitter erwarten. Als dann aber auch noch stärkerer Wind aufkam, hielt mich nichts mehr vor der Tür und ich hatte Muse, durch's Hüttenfenster die weitere Entwicklung zu beobachten. Also harrte ich der Dinge, die da auf mich zukamen. Tun konnte ich nichts und ausweichen auch nicht mehr. Schnell war alles in Nebel gehüllt und mir wurde klar, daß ich mitten in dieser Apokalypse war. Um mich herum krachte es, Blitze zuckten in unmittelbarer Nähe und vom Himmel schüttete es wie aus Melkkübeln. Beruhigend war in dieser Situation nur der Gedanke, daß dies wohl nicht der erste Sturm dieser Art war, der über die Hütte hereingebrochen war und daß die Schindeln die Wassermassen noch immer abgewehrt hatten.

Ich muß trotz allen in diesem Inferno eingeschlafen sein, denn als ich aufwachte, ließen die Zeiger der Armbanduhr eine unchristlich späte Stunde erkennen. Draußen aber war's still geworden und als ich nochmals vor die Tür trat, verzauberte mich ein berauschender Duft, der über die Almen zog. Der sonst harmlose Bach unterhalb der Hütte dagegen hatte sich in ein reißendes Wildwasser verwandelt. Es rauschte und brodelte gefährlich.

Es war kurz vor halb drei Uhr morgens, als mich der Jäger aus dem Schlaf riss. Er trommelte gegen die Tür und als ich ihn eingelassen hatte, meinte er, „wos, jetzt schlafst Du noch? Mein Liaba, mir müassn aber gschwind hinaus, sonscht braucht's koan Ansitz nimma!"

Nun ja, ich hatte verschlafen, aber dafür auch gleich auf nüchternen Magen mein Fett abbekommen. Während ich am Bach eiskaltes Wasser über mich rinnen ließ, bereitete der Herbert ein schnelles Frühstück. Er selbst mochte mit Sicherheit schon etwas im Pansen haben, aber ich kannte ihn als aufmerksamen Begleiter, der stets zuerst an seine Gäste dachte. So gab es heute mal ein kurzes Frühstück - das Übliche, Tee mit reichlich

Zucker, ein Stück Brot mit Butter - und dann verließen wir in tiefschwarzer Nacht die Hütte.

Lange brauchten wir nicht, um zu einem aus den Vorjahren bekannten uralten Fichtenbaum zu gelangen, unter dessen ausladenden Ästen wir uns niederließen und uns in unsere Mäntel hüllten, denn es war zu solcher Stunde selbst im August kühl und der abgezogene Regen hatte dampfende Nässe rundum hinterlassen. Im Vorjahr hatte ich von hier einen richtigen Bergbock geschossen, dessen Krone, wenn man das, was er aufhatte, überhaupt als solche bezeichnen konnte, mit recht dünnen Stangen und Enden, dafür aber einen knappen Viertelmeter hoch, daheim an der Wand viel Bewunderung erregt hatte. Und abergläubig, wie ich nun einmal bin, zieht's mich immer wieder mit gutem Gefühl an die Plätze früheren Erfolgs hin. An diesem Tage aber saßen wir bis lang übers Hellwerden, machten Schmalgais und Gais mit Kitz aus, vertraut im friedvollen Lahner äsend. Den bestätigten, ersehnten Bock jedoch bekamen wir nicht in Anblick und so entschlossen wir uns um die achte Stunde zu einem leichten Pirschgang, der uns hoch überm Tal zwar reichliche Anschauungsmöglichkeiten sommerlicher Gams schenkte. Aber Rehwild? Nicht einmal ein Wedel war zu sehen.

Es war nicht Missmut, der uns auf dem Rückweg zur Hütte beschlich. Ich war auch nicht ärgerlich und insgeheim war ich über den Verlauf dieses ersten Morgens heroben im Gebirg recht froh, denn Kommen und Schießen war noch nie das, was ich schätzte.

„Woaßt wos," flüsterte mir nach einer Weile lautlosen Pirschens der Herbert zu, „i woaß Dir am Broatlahner a gfreudig's Böckerl. Geschtan in da Fruah hob i's drunten am Bachgrund ausg'macht. Des waar amol a G'rechter. I daat sogn, mir mach'n z'erscht a gscheite Jausn und dann schaugn ma amol." Auf das verspätete Frühstück freute ich mich schon, aber Broatlahner!

49

Das hieß tropfnasse Stauden, übermannshoch, das hieß Steigen im immer nassen Nordhang und das verlangte eine gewaltige Portion Glück und Waidmannsheil, sollte es uns gelingen, an diesen Bock einigermaßen schußgerecht heranzukommen. Aber Zeit hatte ich diesmal zur Genüge und so lief es dann ab, wie es der Herbert vorgeschlagen hatte.
Am Talgrund setzten wir uns an. Vielleicht würde sich der Bock einmal zeigen und mit dem Leuchten seiner roten Decke wenigstens ein Zeichen geben, wo in etwa er sich im Lahner herumtrieb. Nichts wäre dümmer gewesen, als auf Glück hoffend, im Lahner herumzustochern und damit jegliche Chance zunichte zu machen. Zudem war es rundum triefnass. So suchten wir uns einen, wie wir meinten, geeigneten Platz unter einem überhängenden Felsen, von dem aus wir den ganzen Lahner mit den Gläsern gut überblicken und absuchen konnten. Und wir schätzten uns glücklich, denn schon wieder zog eine Wolkenwand von Westen her und bald goss es schon wieder in Strömen und ein wenig Schnee war auch dabei. Bei solchem Wetter auf einen Bock im Lahner passen? War's nicht vertane Zeit? Aber was sollte man anderes tun? In der Hütte sitzen oder gar den Tag verschlafen? Hier, unter dem schützenden Stein konnten wir uns in unsere Mäntel einwickeln, eine Pfeife rauchen und schauen. Und hoffen! Am Nachmittag begann der Magen zu knurren. Die Temperaturen waren gefallen und es begann nun leicht zu schneien. Aber auch der Standhafteste wird bei solchen Wetterunbilden einmal weich. Und da wir die Lage für ziemlich aussichtslos hielten, stiegen wir zurück zur Hütte. Es wurde ein recht eintöniger Abend. Die Unterhaltung schleppte sich dahin und zuweilen nahm ich mir eine von den alten Jagdzeitungen, die hier stapelweise herumlagen und las darin, denn ein Buch mitzunehmen hatte ich in der Eile des Aufbruches von daheim vergessen.

Der nächste Morgen ließ uns eine völlig veränderte Landschaft sehen. Es hatte eine leichte Neue gegeben. Alles war - und das im August - wie von Puderzucker überstäubt und ans Rehbockschießen war unter solchen Umständen eigentlich nicht zu denken. Aber nur herumsitzen - das wollte mir nicht gefallen und so machte ich dem Herbert den Vorschlag, uns erneut in den Schutz des Urgesteins einzuschieben und den Lahner nach einem ‚roten Punkt' abzusuchen. Begeistert war der Herbert nicht, aber er sah wohl ein, daß es besser sei, irgend etwas zu unternehmen, als faul herumzusitzen. Zum anderen vermeinte ich, daß alle Vorteile auf unserer Seite wären, denn das Wetter konnte uns in dieser Höhle nicht viel anhaben, außer der feuchten Kühle, die hier herrschte. Meinem Begleiter dagegen merkte ich an, daß er heute recht unruhig war. Irgend etwas drückte ihn und ich sprach ihn darauf an. „Ja, morgen soll an Freind vom Jagdherrn kemma. I soll eahm führ'n und da hätt i halt noch eppas zum Vorbereiten und zum Richten." Das paßte mir recht gut ins Konzept. Sollte er ruhig ziehen und sich um seinen Jagdgast kümmern. Nachdem wir uns noch Waidmannsheil gewünscht hatten, war der Herbert lautlos verschwunden. Ich saß nun allein unter meinem überhängenden Felsen. Oh, jägerischer Sündenfall, nach seinem Abgang war wohl plötzlich Schlaf über mich gekommen und als ich nach einiger Zeit wieder aufwachte und erschrocken auffuhr, stieß ich mit dem Kopf an die niedrige Felsdecke und war hellwach. Sofort suchte ich den Lahner mit dem Glas ab. Man sagt oft, daß es der Herr den Seinen im Schlaf gäbe und dies schien hier im wahrsten Sinne des Wortes eingetreten zu sein. Denn ganz weit oben in den mannshohen Stauden machte ich einen roten Punkt aus, groß genug, um zu erkennen, daß es sich um ein Stück Rehwild handeln mußte, zu klein aber, um es genau ansprechen zu können. Gais? Bock? Zu allem Überfluß behinderte der noch immer anhaltende Schneeregen die Sicht. Also, das Spektiv aus dem Rucksack geholt und jetzt sah ich,

daß ich den vom Herbert bestätigten guten Sechser vor mir hatte. Man ist in solchen Situationen fähig, in Sekundenschnelle zu planen und eine Entscheidung zu treffen. Hier ging's darum, den Bock anzugehen oder besser gesagt anzusteigen, denn was da oben auf gut dreihundert Gänge völlig bewegungslos wie ein Denkmal stand, war von meiner Position aus nicht oder nur schlecht und mit gutem Gewissen zu beschießen. Es galt also, Büchse, Bergstock und Rucksack aufzunehmen, über den hochaufgehenden Bach zu setzen und dann, langsam und vorsichtig steigend, nach einem besseren und gerechteren Platz zu suchen. Trotz aufkommender Bedenken begann ich das Unterfangen, wobei ich mir des Risikos bewußt war, daß ich den Bock auf jeder Stelle des steilen und nassen Aufstiegs vergrämen konnte. Auch konnte ein nur geringer Standortwechsel des Bockes mein Unternehmen scheitern lassen. Es mochte wohl mehr als eine Viertelstunde vergangen sein, in der ich mich steigend und immer wieder durch die nassen Stauden schauend, inzwischen nass bis auf die Haut, zu einem morschen Baumstock herangepirscht hatte, der mir eine passable Auflagemöglichkeit für die Büchse bot. Von hier aus nun erkannte ich den Bock gut im Glas. Er stand noch immer, ab und zu an Gräsern und Blättern naschend und kauend am gleichen Platz und er hatte meinen Anstieg ausgehalten. Sein Verhalten verriet mir, daß er völlig vertraut und ohne Arg war.
Für längere Zeit konnte ich nur sein Haupt sehen. Doch dann streckte er den Träger und tat einen Schritt nach vorn. Als er mir sein Blatt zeigte, ließ ich die Kugel aus dem Lauf. Ich glaubte, daß das ganze Tal den Schuß gehört haben mußte, denn das Echo kam mehrfach zu mir zurück. Abgekommen war ich gut und ich hatte das Ziel etwas hoch gefaßt. Er mochte nach dem Erhalt der Kugel nicht mehr weit gekommen sein. Aber jetzt hieß es, den Bock zu suchen und zu finden und ich bereute, daß mir der Herbert seinen „Tasso" nicht dagelassen hatte. Aber auch ohne Hund fand ich den Verendeten, den ich im noch immer niedergehen-

den Regen aufbrechen und versorgen mußte. Dann nahm ich das nicht zu schwere Böckerl in den Aser und stieg über den steilen und tropfnassen Lahner ab. Unten im Bachgrund angekommen, vermeinte ich, das letzte Hindernis des hochgehenden Gebirgsbaches mit Stockeinsatz und einem Sprung überwinden zu können, wie ich's schon hundert Male gemacht hatte. Zwar gelang der Sprung einigermaßen, drüben angekommen jedoch verspürte ich im rechten Bein einen stechenden Schmerz, der mich zusammensinken ließ. Vor lauter Schmerz hätte ich aufschreien können - wahrscheinlich habe ich's auch getan. Ich kann auch nicht sagen, wie lange ich für den Anstieg zur Hütte brauchte. Diese Strecke war für mich eine Art „Weg der Schmerzen". Schließlich hing der Bock zum Auslüften an zwei Holznägeln unterm Dach und ich selbst dachte an nichts anderes, als mich unter einer wärmenden Wolldecke einzuschieben. Mit dem Schlafen dauerte es eine Weile, zumal ich immer wieder in eine Lage kam, daß mir vor Schmerz ziemlich alles verging.

Am Vormittag des darauf folgenden Tages hörte ich Schritte vor der Tür und dann stand ein junger Jäger - ein Bekannter übrigens - im Raum, den der Herbert heraufgeschickt hatte, denn er hatte den Schuß gehört und sich seinen Teil gedacht, Waidmannsheil wünschte er mir, aber mir war's in dieser Situation völlig egal. Den Bock hatte er schon draußen vor der Tür geschaut, „o mei, jetzat hot's Di aa derwischt mit'm Ischias," meinte der Bursch und versah mich mit guten Ratschlägen, die ich im übrigen selbigen Tages und auch in der darauf folgenden Zeit von allen Seiten erhielt. Das ging vom Einreiben mit Murmelschmalz bis zum Schröpfen und Schlamm- und Moorbäder sollten auch gut sein. Vieles davon versuchte ich, aber so recht half nichts. Meine Frau wunderte sich immer, wenn wir irgendwo Schaufenster betrachteten, daß ich mir zumeist das interessiert betrachtete, was möglichst weit unten ausgestellt war. Sie ahnte damals nicht, daß ich mir durchs Bücken Erleichterung verschaffte. Erst später kam sie hinter mein Geheimnis. Warum erzähle ich's? Beim Jagen hatte mich der Ischias erwischt und in jägerischem Tun wurde ich ihn auch wieder los, wenngleich ich niemandem eine solche Rosskur wünschen möchte.

Ein mir bekannter und liebenswerter Jagdherr veranstaltete, jeweils in den ersten Tagen eines Neuen Jahres, ein Jagaschiaß'n mit Scheiben, Preisen, Bier und Bewirtung in Tirol. Es war dies bis zu seinem Ableben eine Traditionsveranstaltung geworden und keiner, der jemals dabei war, mochte gerade in der ‚Stillen Zeit' das Beisammenhocken missen. Zur Mittagszeit waren wir mit dem Schießen durch und es folgte die Einladung zum Mittagessen in einem nahen Hotel. Notwendigerweise stürzte sich nun erst einmal alles zu dem Ort mit der Aufschrift „00", in diesem Falle über ein paar ausgetretene steinerne Stufen aufwärts und es läßt sich leicht denken, daß diese, nachdem wohl an die fünfunddreißig Mann hier auf und ab gestiegen waren, nicht mehr ganz trocken waren. Irgend jemand sprach mich beim Verlassen besagten Ortes an. In diesem Augenblick glitt ich aus und rutschte die - wie sollte ich's nicht mehr wissen - acht Stufen hinab, alles auf dem verlängerten Rückgrat. Es hätte bös ausgehen können. Unten blieb ich wie betäubt liegen und ein paar herbei eilende Helfer trugen mich auf ein Sofa und flößten mir Mengen von Schnaps und eiskalten Wasser ein. „Gegen den Schock," wie sie meinten und ich bin sicher, daß sie gegen den eigenen Schock auch etwas getan haben. Durch den Sturz hatte sich vermutlich - ich bin kein Mediziner - der Ischiasnerv freigelegt. Jedenfalls bin ich seit jenem Fall den leidigen Schmerz losgeworden. Wer den Schaden hat, braucht für den Spott nicht zu sorgen, heißt es allenthalben. Aus jenem Rehbock, den ich im August unter winterlichen Bedingungen geschossen habe, ist dann der „Ischiasbock" geworden und wer den hinterkünftigen Humor im Oberland kennt, vermag ermessen, daß ich mir mit meinem Unterfangen noch manches einhandeln durfte.

Hinter dem Eisernen Vorhang - 1985

Wer heutzutage, was jägerische Dinge betrifft, mitreden will oder zu sollen glaubt, muß unausweichlich in Afrika, Asien und andernorts seine Schritte gelenkt haben, muß mit Antilopen, Gnus und sibirischen Steinböcken zu tun gehabt oder sie noch besser, erlegt haben. Und wenn man dann den Erzählungen der mit reicher Beute und großartigen Erlebnissen Heimgekehrten lauschen durfte, wurde man schon ein wenig neidisch. Aber respektheischend war das alles nicht immer. Alles Ansichtssache! Der unter schwierigsten Bedingungen angegangene und erlegte Maral im Hochland der Mongolei rang mir Respekt ab, ein geschossenes Zebra in Namibia beeindruckte mich nie, weil ich weder Kunst noch Können darin erkennen konnte, mit einem überstarken Büchsenkaliber solch vertrauten, ja fast zutraulichem Wild an die Decke zu gehen.

Nun hatte ein guter Freund sich aufgemacht nach Polen, weil von dort Berichte von überaus starken Rehkronen kamen und von riesigen Wildbeständen, von der anderen Art zu jagen. Er fand die Erzählungen bestätigt aus eigener Anschauung, was ihn nun wiederum ins Schwärmen geraten ließ und zu der Aufforderung, es doch auch einmal zu probieren. Was mich dabei ins Nachdenken kommen ließ, waren die etwas düsteren und nicht immer ganz durchschaubaren Erzählungen meiner Großmutter, deren edler Mädchenname auf eine Abstammung aus dem Land der Poniatowskys schließen ließ. Es war niemals ein beherrschendes Thema in unserer Familie gewesen, aber ich entsinne mich deutlich, daß ich als kleiner Bub andächtig ihren Schilderungen von großen Gesellschaftsjagden, von schneidigen Kavallerieoffizieren, vom gastfreundlichen wie großen Haus ihrer Eltern lauschte, die dann aber in der zweiten Hälfte des 19. Jahrhunderts ihre Heimat verließen und sich nicht eben verarmt in Bayern niederließ. Aber sie hatte ihre Kindheit und Jugend in Polen verbracht und wenn sie vom freien und unbeschwerten Leben erzählte, dann schaute sie zuweilen durch und über alles hinweg, was um sie war. Vielleicht träumte sie dann von großen Festen, von bespannten Ausfahrten, von erster Liebe. Aber über letzteres sprach sie niemals.

So reifte – ganz allmählich - der Plan, dieses Land, das den Weißen Adler als Wappentier im Fahnentuch führte, einmal zu sehen und zu erleben. Dabei wollte ich das Jägerische mit dem Nachsuchenden verbinden, wenngleich der Zeitpunkt für derlei Herumfragerei nicht sehr günstig erschien. Adel und Grundbesitz waren enteignet, der Kommunismus reinster Prägung regierte das Land und ich sagte nur, daß man mit noch so naiven Fragen wohl auch Argwohn auf sich ziehen konnte.

Ein Jagdvermittler war bald gefunden und die angebotenen Konditionen waren angemessen. So war es nicht schwer, ins Gebotene einzuwilligen und die Reise anzutreten. Mitte Juni war's und diesen Zeitpunkt hatte ich mir ausbedungen, denn ich hatte noch Einladungen und Verpflichtungen, wenn es in den heimischen Bergen galt, dem Rehbock und später im August dem Sommergams nachzustellen. Der einzige Haken bei dem Spiel war nur, daß ich mit meiner Waffe und dem treuen Dachshund die damalige DDR durchqueren mußte. Das war eine ungleich andere Sachlage, als wenn es mir eingefallen wäre, nun mal schnell nach Kärnten oder in die Steiermark zu fahren. Als ich dann aber mit Hund, Reiseverpflegung und bis an den Rand gefülltem Fahrzeug an die seinerzeitige Grenze komme, was ja meist mit einem gewissen Bauchgrimmen verbunden war, werde ich angenehm überrascht. Das Procedere ist zwar nach wie vor überkorrekt, dennoch fallen ein paar freundliche Worte und als man mich bittet, den Wagen zwecks ungestörter Untersuchung zu verlassen, denkt wohl der Hund, man wolle uns ans Leder und er nimmt den Grenzer ziemlich böse an. Ich muß ihn am Riemen kurzhalten, damit nicht Ärgeres passiert.

„Nuu, ich gloobe, där gann mich nich leidn," lacht der Grenzer. „Wolln Se nach Booln uf dä Jachd?" Dann wird die Waffe und die Munition verplombt, wobei ich mithelfen muß und als wir mit den Grenzformalitäten fertig sind, wünscht man mir sogar noch Waidmannsheil und dann fahre ich - immer mit Hundert - Richtung Dresden, Bautzen zur polnischen Grenze. Während einiger Aufenthalte auf Parkplätzen, die in erster Linie dazu dienen, dem Hund kurzfristigen Auslauf, Lösung und Wasser zu verschaffen, bemerke ich, daß ich überwacht werde. Immer ist ein Trabant mit scheinbar zufällig anwesenden und unbeteiligt scheinenden jungen Leuten um mich. Ich weiß Bescheid!
An der polnischen Grenze bei Görlitz läßt man mich aus unerfindlichen Gründen geschlagene drei Stunden warten, während Reisepaß und sonstige Dokumente irgendwo herumlaufen. Dann endlich, auch nach obligatorischem Geldumtausch und dem Kauf von Benzingutscheinen geht es auf einmal schnell. Ich darf einreisen.
Es wird eine lange Fahrt. Auf nie ausgebesserter Autobahn fahre ich Richtung Breslau und Oppeln. Von dort geht es auf baumbestandener Landstraße nach Tschenstochau und von dort weiter in Richtung Kielce. Immer wieder versuchen mich Kinder aufzuhalten, die in großen Körben Waldbeeren und Pilze anbieten. Aber was soll ich damit anfangen. Der Wagen wird arg durchgeschüttelt, aber ich finde alles so, wie ich mir's vorgestellt habe in dem Land, das durchzogen und ausgezogen von den Armeen Friedrichs des Großen und der großen Maria Theresia und verwüstet von deutschen und russischen Truppen mehr durchlitten und erduldet hat, als die meisten Länder unseres Kontinents. Je weiter ich nach Südosten komme, desto mehr fällt die Tristheit der Städte, die grauen, unfreundlichen Mietskasernen und die Stumpfheit der Menschen auf. Das ist sozialistischer Alltag! Es wirkt bedrückend. Dann ein Halt. Neben der Landstraße ein schilfbestandener Weiher mit

Wildenten und jubelnden Kindern - wie früher bei uns auch. Der Hund muß einmal aus dem Wagen, etwas fressen und sich lösen

Als ich zu spät abendlicher Stunde den Ort Pinczow erreiche, begrüßt mich das Empfangskomitee, wobei ich allerdings nicht den Eindruck habe, daß man über mein spätes Eintreffen beunruhigt gewesen wäre. Herr Wladislaw Lewitzki, dessen betuliche Frau, die beide wohl schon bessere Zeiten gesehen haben und jetzt meine Gastgeber sind, sowie der Dolmetscher oder auch Aufpasser helfen gern beim Ausladen des Gepäcks und der Mitbringsel. Und während ich mein einfaches Zimmer ein wenig einrichte, sind die Bananen, Zigaretten und die Hartwurst längst verschwunden. Nun, diese Dinge waren ohnehin für sie bestimmt. Ein vernünftiges Abendessen sorgt dafür, daß sich die von stundenlanger Reise strapazierten Nerven wieder entspannen und die Sinne zur Ruhe kommen. Der auch plötzlich auftauchende Oberförster des hiesigen Jagdbezirks läßt fragen, ob der Herr beabsichtige, morgen bei Tau und Tag auf die Pirsch auszurücken, aber ich winke ab und gebe ihm über den Dolmetscher zu verstehen, daß ich erst mal ausschlafen muß, um wieder ein ansprechbarer Mensch zu werden.

Über meine Unterbringung mag ich kein Wort verlieren. Es wäre mir lieber gewesen, in einem Forsthaus oder sonstwo im Wald untergebracht zu werden. Auch habe ich mich auf der Jagd nie über mangelnden Luxus beklagt, was ich aber hier antreffe...! Der Kleiderschrank fällt beim Versuch, etwas darinnen aufzuhängen mit Gepolter zusammen, eine Steppdecke, betongewichtig, ein trauriges Laken. Hund, laß uns schlafen. Morgen schaut die Welt wieder anders aus.

Am nächsten Morgen - es ist ein sonniger Tag - mache ich mit dem Hund und dem Dolmetscher einen Rundgang in die nähere Umgebung und schaue mir auch den Ort an. 550 Jahre ist er alt, war früher einmal Dreh- und Angelpunkt calvinistischer Bewegungen, war eigentlich dann immer ziemlich unbedeutend, mußte aber, wie man mir erzählte, im letzten Krieg unsäglich leiden. Ein uralter Brunnen im verwahrlosten Stadtpark plätschert traurig und besserer Zeiten gedenkend vor sich hin. Eine uralte Klosteranlage schmückt den Ort, wirkt aber baufällig und heruntergekommen. Mehr ist über den Ort nicht zu sagen, außer daß alles etwas vergessen anmutet. Man sieht dennoch gut gekleidete Frauen mit schönen Gesichtern, aber auch heruntergekommene Mannsbilder mit von Alkohol entstellten Gesichtern. Alles wirkt traurig, sehr traurig...

Um halb vier holt uns ein Geländewagen russischer Herkunft ab (wenn ich von uns spreche, dann sind Jagdgast, Hund und Dolmetscher gemeint) und bringt uns nach Kozubow, wo in der Försterei schon eine Menge Leute auf uns warten. Ich werde den Verdacht nicht los, daß die alle mich auf meiner ersten Pirschfahrt begleiten wollen und so ähnlich schaut es dann auch aus. Ein gummibereifter Wagen mit gutem Gespann steht bereit und wir nehmen Platz in der Reihenfolge, wie wir's auch in den nächsten Tagen halten. Da sind Kutscher und daneben vorn der Förster, hinten auf quergelegtem Brett der Jagdgast und ein wenig komme ich mir vor wie ‚Graf Keglewitsch'. Dolmetscher und sonstige Leute laufen hinter dem Wagen her, bis es ihnen zu dumm wird und sie zurückbleiben. Gut so! Und bald tauchen wir ein in einen hohen, fast kaum bewirtschafteten Wald. Stille und Dunkelheit umfängt mich. Ab und zu knarrt das Geschirr der Pferde und ich erkenne sofort, daß der Fuhrmann im Umgang mit seinem Gespann ein Meister ist. Und das ist das Neue für mich: Hier wird nicht angesessen und das Wild erwartet. Hier fährt man möglichst leise über geschlagene Schneisen. Die Pferde tragen keine Eisen. Und da wir uns nicht verständigen können, wird auch nichts gesprochen, denn Herrn Markowski mag ich während dieser ersten Ausfahrt nicht mit Fragen traktieren. Er hat mir ohnehin signalisiert, daß er von jagdlichen Dingen nichts verstehe und er nur seinen Auftrag erfülle, bei Verständigungsschwierigkeiten helfend einzuspringen. So geht das eine Weile, ohne daß wir Anblick hätten. Zuweilen fahren wir auf eine Blöße hinaus, um dann wieder in den Wald hineinzutauchen. Das alles kommt mir ein wenig planlos vor, aber

ich halte mich zurück. Plötzlich, es ist inzwischen Viertel nach sieben geworden, schreckt ganz in unserer Nähe ein Rehbock. Und am zornigen „Bä-bä,", das tief und grimmig mir aus dem Unterholz entgegenorgelt, erkenne ich, daß es sich um einen Alten handeln muß. Doch wir fahren lautlos weiter. Alle Sinne sind angespannt. Dann erneuter Halt. Rechts vor uns, es mögen sechzig Schritte sein, erkenne ich im verwaschenen Halbdunkel des Waldes einen hochroten Bock. Er hat uns wahrgenommen, macht aber keine Anstalten, abzugehen. Ich bin aufgestanden, lege an, komme gut ab, als die Kugel aus dem Lauf fährt. Der Bock geht mit einer hohen Flucht ab. Förster Gabron springt vom Wagen und gestikuliert. Er will nur zu verstehen geben, daß ich wohl gefehlt habe. Ich will ja nicht sagen, daß ich ein Besserwisser bin. Aber dieses Schußzeichen kennt man doch, oder? Dies ist der erste Zweifel an meinem Pirschführer.

Nun bin ich daran, ihn zu beruhigen, biete ihm und dem Fuhrmann eine Zigarette an, die wir genüßlich rauchen und dann gehe ich mit dem Hund und dem försterlichen Begleiter zum Anschuß. Schweiß finden wir zur Genüge und die Stimmung wird schon wieder besser. Jetzt soll der Hund Arbeit bekommen. Die Schweißleine wird ihm angelegt, er wird zum Anschuß gelegt, findet die Richtung des Abgangs von selbst und legt sich schon stark in den Riemen. Nach Kurzem lasse ich ihn frei suchen, er verschwindet in einer Dickung und gibt Laut. Er verbellt den gefundenen Rotrock. Später stellt sich heraus, daß er 46 Pfund aufgebrochen auf die Waage bringt. Und dann passiert etwas, auf das ich nicht vorbereitet bin. Förster Gabron begibt sich auf alle Viere und greift dem Bock zwischen die Stangen. Er hätte es nicht tun sollen

Donald v. Holzwinkel

und auch nicht dürfen. Denn in diesen Dingen versteht mein Dachshund keinen Spaß. Er greift zu, beißt den Herrn in die rechte Hand, wofür dieser wiederum kein Verständnis aufbringt und böse wird. Inzwischen hat uns der Dolmetscher, der uns in seinen leichten Halbschuhen nachgelaufen ist, erreicht und ich kann über ihn dem malträtierten Herrn Oberförster sagen, daß nach dem Verständnis meines Hundes nur ich den Bock aus der Dickung hatte ziehen und bringen dürfen, stoße aber auf wenig Verständnis angesichts der blutenden Hand. Plötzlich steht der Fuhrmann lachend mit einer Flasche Wodka in der Hand hinter uns, sagt „Stolat," das polnische Prost und nimmt selbst einen tiefen Schluck. Über den Dolmetscher läßt er mir sagen, daß dies schließlich auch sein Verdienst sei, denn nur ein eingeübtes Gespann und ein guter Kutscher könnten derlei gute Rehböcke "erfahren". Dann schüttet er vom edlen (?) Naß dem Förster über die Hand, worauf dieser aufheult, wie ein Wolf. Er nimmt noch einen Schluck und damit scheint die Angelegenheit vergessen. Freunde sind die beiden Kontrahenten aber nicht mehr geworden. Der Bock wird aufgeladen und nachdem es keiner tut, brocke ich noch den Letzten Bissen für ihn, ein Unterfangen, das in meiner Umgebung nur Kopfschütteln auslöst. Das kennt man offenbar nicht. Wichtig ist, daß der Bock sofort aufgebrochen, versorgt und zur nächsten Sammelstelle geliefert und von dort in den Export gebracht wird, denn damit kommen Devisen ins Land und die ‚Jagdbrigade' sammelt wieder Erfolgspunkte. So prosaisch ist die Jagd in diesen Gefilden...

Dann unterhalten sich Förster und Dolmetscher, dem das Wasser aus den Schuhen läuft. Ich verstehe nichts, bekomme aber dann erklärt, daß jetzt Zeit sei, sich auf den Heimweg zu machen. Erster Jagdausflug mit Erfolg abgeschlossen. Als wir indes die Heimfahrt angetreten haben, und ich mich mehrere Male umdrehe, um den hinter mir liegenden Bock zu betrachten, erblicken wir auf einer Lichtung im wirklich letzten Büchsenlicht nochmals einen guten Bock. Doch der Versuch,

einen schnellen Schuß anzubringen, mißlingt, denn der Bursche scheint alt und erfahren und noch, bevor ich die Büchse hochbringen kann, geht er ab.
Es wäre auch für den ersten Tag des Guten zu viel geworden. Vor dem Forsthaus wird der Bock aufgebrochen und versorgt, das Haupt abgeschärft, was mir die Möglichkeit gibt, mir die Krone näher zu betrachten. Ein Ungerader ist's, denn der linke Vordersproß ist nicht vorhanden, Stangendurchmesser wird mit zweieinhalb Zentimeter gemessen, man sieht gute Perlung, nur die Rosen muten etwas schwach an. Nun 280 Gramm bringt das Gehörn auf die Waage. Ich bin's zufrieden. Währenddessen wird die Bauchhöhle der Beute mit einem scharfen Wasserstrahl ausgewaschen und ich denke dabei an die Berufsjäger in den heimatlichen Gefilden, die nachweisen mußten, daß sie ein Stück Wild aufbrechen konnten, ohne die Ärmel aufzustreifen und weder Hemd noch Joppn schweißig werden durften. Ja, tempora mutantur!
Der Abend verlief eintönig, außer, daß Herr Lewitzki nach dem Jagderfolg fragte und dann ein wenig aus seinem früheren Leben erzählte. Ich hatte ihn richtig eingeschätzt. Er war Offizier in der polnischen Armee gewesen. Aber zu näheren Auskünften ließ er sich nicht herbei. Und das sollte und mußte er nicht. Dagegen erklärte mir der Dolmetscher, daß er an der für den nächsten Morgen um vier Uhr angesetzten Ausfahrt nicht teilnehmen werde. Das sei ihm zu früh. Als ich ihn etwas ironisch fragte, ob dies nicht eine Pflichtverletzung sei, antwortete er auf polnisch, was ich nicht verstand, wohl aber wußte, was er meinte.
Mir selber ist dies nicht unangenehm und ich hoffe nur, daß die anderen auch gern länger in den Federn bleiben. Denn mit der Corona des heutigen Tages möchte ich nicht noch einmal ausrücken.
Förster Gabron, heute knurrig und mit weithin leuchtendem Verband an der rechten Hand, der Fuhrmann und wir beide, Jä-

ger und Hund, sitzen schweigend am nächsten Morgen vor Sonnenaufgang auf dem Fahrzeug und wieder geht's hinaus. Nebel liegt über den Feldern und die Sicht ist stark eingeschränkt. Den Hund decke ich zu und den eigenen Anorak ziehe ich ein wenig fester um mich. Als wir den Wald erreichen, umfängt uns blaugrüne Dunkelheit. Hie und da machen wir Rehwild aus, aber bei näherem Hinsehen werden wir nur Gaisen mit und ohne Kitzen gewahr. Man erkennt den Wildreichtum dieses Reviers, aber ein guter Bock zeigt sich in diesen Morgenstunden nicht. Dafür sehe ich etwas - rechts oben in einer Dickung und ich flüstere „Stoj" nach vorn. Wir halten sofort an und dann weise ich den Förster in den für mich seltenen Anblick ein: Auf etwa 50 Schritte steht unbeweglich und wie zur Säule erstarrt, ein Elchbulle. Mit Sicherheit hat er uns ausgemacht. Er äugt zu uns her, aber er steht wie ein Denkmal, läßt sich etwa zehn Minuten betrachten. Erst dann setzt er zu einer langsamen Wendung an und zieht weg von uns. Auf unserem Kontinent zumindest ist es der erste Elch, den ich schauen kann. Bei Herrn Förster Gabron habe ich den Eindruck, daß er in "seinem" Revier auch noch mehr dieser Spezies in Anblick gehabt hat. Nach vier Stunden Fahrt treten wir den Rückweg an und als dann heißer Kaffee auf dem Tisch steht, den Frau Lewitzki vom Mitgebrachten gebraut hat, kommt wieder Wärme in den Körper. Langsam wird alles ein wenig ungezwungener und vertrauter. Zumindest haben meine Gastgeber erkannt, daß ich mich nicht aufdränge und zuweilen selbst meine Ruhe haben will. Meine Hausgenossen und selbst der Dolmetscher, den ich eigentlich mehr als Aufpasser eingestuft habe, gehen plötzlich etwas mehr aus sich heraus und sprechen auch über Dinge, die in ihrem Land passieren und mit denen sie nicht einverstanden sind. Mit Kommentaren halte ich mich aber noch immer zurück, denn ich weiß ja nicht, ob da vielleicht ein wenig Provokation dahintersteckt. Trau, schau wem.

Am Nachmittag sind wir vier wieder auf unserem Fuhrwerk. Langsam bekomme ich einen Überblick übers Revier, erkenne bestimmte Gegenden wieder. Aber das ändert auch nichts daran, daß wir heute so gut wie keinen Anblick haben. Erst, als wir zu vorgerückter Stunde über einen großen Schlag fahren, der sich leicht neigt, machen wir auf etwa hundertfünfzig Meter unten am Waldrand einen starken Bock aus, der sich aber schon auf den Weg macht und zu Holze ziehen will. Schnell entschlossen springe ich vom Wagen und eile zu einem nahen Holzstoß, lege auf und lasse die Kugel auf wohl 150 Meter fliegen. Der Bock hört den Büchsenknall nicht mehr. Er liegt im Feuer und vom Wagen ruft einer ‚Waidmannsheil'. Als ich zum Fahrzeug zurückkehre, zieht Förster Gabron mich zu sich, küßt mich auf beide Wangen und sagt: „Gute Jäger, Sie!" Wir fahren mit dem Fuhrwerk zum Anschuß und dort bestätigt sich meine Vermutung - der Bock ist im Feuer gefallen, er hat nicht einen einzigen Schritt mehr getan. Dann das Gleiche, wie gehabt. Der Bock, der vom Hund eifrig bewindet wird, kommt auf den Wagen und schon sind wir im Zotteltrab auf dem Weg zum Forsthaus. Leicht schwächer ist er; zwar hat er gut auf, aber die Stangen sind dünner und von einer Rose ist fast nichts zu sehen. Dagegen zeigt er eine gute Vereckung und auf die Waage bringt er immerhin 46 Pfund.

Was mir jedoch auffällt ist, daß mein Begleiter, der Förster, von Jagd und Wild nicht allzu viel zu verstehen scheint. Versuchte er schon am ersten Tag, den von mir beschossenen Bock zwischen die Stangen zu greifen, was dem Hund sehr mißfiel (was ich ihm nicht beigebracht hatte, sondern ihm wohl angewölft sein mußte), so zeigte sich sehr oft, daß er nur über wenig Revierkenntnis verfügt. Zuweilen wirkt er ratlos und als wir plötzlich einen Elch sehen, ist er nicht minder überrascht als ich. Wehtun möchte ich ihm nicht, aber ich vermute, daß der gute Mann irgendwann einmal verdienter Partisan war und dank seiner stan-

gengeraden Linientreue zum Förster gemacht wurde. Einmal äußerte er sogar, daß er durch die gemeinsamen Fahrten erst einmal gesehen habe, was in diesem Revier los sei. Na ja.
Die Mittagszeit nütze ich, um eine Fahrt zur nahen Weichsel zu unternehmen und Pan Lewitzki ist nicht davon abzuhalten, mich zu begleiten. Seine juchtenledernen Reitstiefel hat er an-

gezogen, Breecheshosen trägt er heute und er ist gekämmt und gebürstet, als wenn wir etwas Besonderes vorhätten. In der Tat ist sein Mitkommen ein Gewinn, denn ich erfahre manches aus Vergangenheit und Gegenwart, was mir sonst verborgen und verschwiegen geblieben wäre. Insbesondere läßt er sich über die politischen Verhältnisse aus und auch darüber, wie sich unter dem herrschenden Regime alles, aber auch wirklich alles, zum Schlechteren verändert habe. Wir verweilen etwas länger an dem träge dahinfließenden Strom, dessen Naturbelassenheit mich sehr beeindruckt. Was für Schicksale haben sich hier entschieden! Hunnen haben ihn überwunden, die Ostgoten zur Zeit der Völkerwanderung, Napoleon mit der Grande Armee. Naja, wir brauchen nicht zu tief in die Geschichte eindringen. So lange ist's auch wieder nicht her, daß wir Deutschen...... man kann's nicht leugnen, vergessen oder gedanklich wegwischen, daß wir hier eingefallen sind. Pinczow war besonders umkämpft, ein kleiner Ort, vermutlich in besseren Zeiten mehr geschätzt und von Wohlstand erfüllt. Jetzt schaut hier alles grau und ungepflegt aus. Aber ich habe eine Besonderheit entdeckt, eine vorpaulinische Klosteranlage, erbaut im 14. Jahrhundert.

Viel kann ich nicht erfragen über dieses beeindruckende sakrale Bauwerk. Dazu fehlt es an Sprachkenntnissen und dem Interesse meiner Begleiter. Aber ich skizziere, was mir so gut gefällt, begleitet und beobachtet von meinem „Aufpasser", der solchem Tun wohl etwas verständnislos gegenüber steht, mich aber gewähren läßt.

Am Nachmittag erwartet mich wieder Förster Gabron mit Fuhrwerk und dem Kutscher, um zu einer letzten Fahrt auszurücken, denn langsam nähert sich auch das Ende meines Aufenthaltes. Wir wollen doch noch einmal nach den Rehböcken schauen. Allein so interessant das Herumjuckeln in den weitgehend unberührten Revierteilen anfangs war, so sehr bin ich dessen nun leid. Nach einer Stunde mache ich - mit Händen und Füßen redend dem Förster den Vorschlag, mich doch abzusetzen, mit dem Gefährt weiter zu "hobeln" und mir so die Möglichkeit zu verschaffen, in Ruhe, hinter einem Holzstoß gedeckt, auf das

Austreten eines erlegbaren Bockes zu warten und ich bin froh, daß er meinem Vorschlag zustimmt. Vermittels Zigarettenrauch prüfe ich den Wind und stelle erfreut fest, daß alles seine Ordnung hat. Nicht lange, nachdem das Fahrzeug meinen Blicken entschwunden ist, tritt auf wohl achtzig Schritte eine Gais aus, deren Lebensalter nur schwer zu schätzen ist, aber ein Alttier ist es auf jeden Fall. Ständig äugt sie zum Waldsaum zurück und meine Vermutung, daß ein Galan hinter ihr her sei, bestätigt sich augenblicklich. Offensichtlich vom Fuhrwerk in Bewegung gesetzt, tritt ein gut veranlagter Sechser mit guten, hohen Stangen auf die Blöße. Schußbar ist er auf jeden Fall und so fällt die Ent-

scheidung nicht schwer, ihm aufgelegt am Holzstoß, die Kugel anzutragen. Ich sehe, wie er im Schuß zusammenbricht, noch ein wenig schlegelt - und dann ist wieder die wohltuende Stille um mich her, die es mir erlaubt, an den Bock heranzutreten und ihm die Totenwacht zu halten. Die Gais mag im Schuß abgesprungen sein - ich sehe sie nicht mehr. Anderseits wird man den Schuß gehört haben und lange wird's nicht mehr dauern, daß das Gefährt samt Besatzung wieder auftaucht. Gehobelt haben sie auf jeden Fall gut. Und bald darauf, als ich schon beim Bock bin, juckelt das Gespann aus dem Bestand heraus und ich werde beglückwünscht. Aber es war nun in diesem Falle wirklich keine große Kunst, diesen Bock zu erlegen.

Inzwischen ist es Mittag geworden und aus dem erhofften Sonnentag ist nichts Gescheites entstanden. Grau ist es und es hat begonnen, fade vor sich hinzunieseln. Als wir meine Herberge erreichen, brennen schon die Lichter im Haus und es geschieht etwas, womit ich nicht gerechnet habe - Förster Gabron übergibt mir den Aufbruch des Bockes für den Hund. Vielleicht hat er nun doch eingesehen, daß seine Handlungsweise am ersten Jagdtag nicht richtig war. Andererseits wäre ich ihm nicht gram gewesen, wenn er das Jägerrecht behalten hätte, denn in diesem Land, in dem wirkliche Not herrscht, kann man verstehen, wenn jemand zuerst an sich selbst denkt. Aber mein Hund kann auch nicht über einen längeren Zeitraum nur von Trockenfutter leben. Ein wenig egoistisch dürfen wir schon sein.

Kaum habe ich mein Abendessen eingenommen, erscheint die gesamte försterliche Korona, ein wenig angeheitert. Große Begrüßung, als hätten wir uns heute noch nicht gesehen, und dann stehen auf einmal ein paar Flaschen Wodka auf dem Tisch, der schnell in Wassergläser gefüllt wird und dann geht's los mit ‚Stolat' und ‚Prost' und ‚Nasterowje' und man ist gezwungen, mitzuhalten, auch wenn man dieses Zeug nicht gewöhnt ist. Der ebenfalls anwesende Jagdleiter, den ich heute zum ersten Male zu Gesicht bekomme, fragt über den Dolmetscher mehr als zehnmal, ob er mich zur herbstlichen Treibjagd einladen dürfe. Natürlich sage ich zu, ohne die Sache sehr ernstzunehmen. Dann fängt der Nächste an und will mir meinen Hund abkau-

fen, der inzwischen zum Liebling aller geworden ist und von da an kann ich mich an nichts mehr erinnern. Nicht, daß ich eine Alkoholvergiftung hatte, aber mir war speiübel und ich finde auch irgendwie den Weg über den Gang in mein Zimmer. Einen allzu großen Eindruck, was meine Trinkfestigkeit bei diesen wodkaerprobten Gastgebern angeht, scheine ich nicht zu hinterlassen.
Der letzte Tag meines Aufenthaltes ist gekommen. Heute muß ich mich wirklich zusammenreissen, um all das Nötige und Anstehende erledigen zu können. Meine Rehkronen, im übrigen ausgezeichnet hergerichtet, kann ich übernehmen, bei der Stadtverwaltung muß ich mich abmelden, die Betreuer und Förster warten eines Obulus und der Kutscher, der während einer Fahrt erklärt hatte, daß er demnächst "Haus für Kuh" bauen wolle, erhält auf allseitiges Anraten kein Geld, sondern eine Flasche Wodlka, die er, kaum daß er sie in Händen hat, aufmacht und auf einen Zug austrinkt. Na, Prost! Hätte ich nur mehr Aufenthaltsgenehmigung, ich würde so gerne nach Krakau fahren, um mir die geschichtsträchtige Stadt anzuschauen. Morgen jedoch muß ich das Land verlassen haben und nachdem der Dolmetscher erklärt, er würde mich gern bis zur Grenze begleiten, übe ich Selbstbescheidung und erkläre mich mit einem Besuch bei der Schwarzen Madonna in Tschenstochau einverstanden. Bis dorthin wird er mit mir fahren, was mir nicht unlieb ist, denn sein Dabeisein bedeutet auch ein wenig mehr Sicherheit.
Es ist ein herzlicher Abschied. Neben jagdlichem Erfolg und herrlichen Anblicken nehme ich viele gute und wenige schlechte Eindrücke mit auf die Heimreise. Manches Vorurteil ist abgebaut und ich gedenke, noch eimnal in die Wälder von Pinczow zurückzukommen. Zwei Rehkronen kann ich mitnehmen und noch ein Gwichtel, das dem geübten Rehkennerauge nicht unbedingt Überraschung und besondere Anerkennung entlocken würde. Sei's drum. Man muß auch mal zufrieden sein. Nicht

jeder Tag ist ein Sonntag und nicht jede Trophäe, die in der untergehenden Sonne prahlte, genügt dann unseren verwöhnten Ansprüchen.

Irgendwie würde ich doch gern noch einmal zurück kommen um in diesen riesigen, urigen und wildreichen Gefilden zu jagen. Aber wenn es denn irgendwann möglich werden sollte, dann bitte ohne Wodka-Orgien, denen ich nicht gewachsen bin. Jagen in Polen – ein großes Erlebnis, aber deshalb muß man ja dort nicht unbedingt zum Tod durch übermäßigen Alkoholkonsum kommen.

Spielhahnfalz

Es war etwas Seltsames, vordem nie Erlebtes um diese Spielhahnfalz in jenem Jahr. Schon wie alles angefangen hatte, lag außerhalb normaler Abläufe. Aber ich will's erzählen.
Ein furchtbarer, wenngleich nicht schuldlos entstandener Autounfall auf schneeglatter Straße im Heiligen Land Tirol, der einem mir bekannten Jäger einen längeren und schmerzvollen Krankenhausaufenthalt einbrachte und ihn für längere Zeit ans Bett band und ihn danach nur mühsam mit Krücken einigermaßen voranbrachte, stand am Anfang. Weil ich's dabei für richtig und notwendig ansah, dem armen Teufel bei einer Unzahl von Amtsgängen, Verhören bei der Gendarmerie, bei Vorsprachen und der Erledigung sonstiger Formalitäten zu unterstützen, half ich nach Kräften und mit manchem Erfolg. Zudem vermeinte ich, daß sich Solidarität, wenn's denn schon keine echte Freundschaft war, nicht am Stammtisch erschöpfen dürfe. Leider, wie so oft im Leben, hat dies alles unser jägerisches Nebeneinander nicht lange überstanden, zumal alles, was ich an Zeit und Mühen auf mich genommen hatte, schnell vergessen war. Damals aber meinte der Blessierte, er habe im Mai einen Spielhahn zu schießen. Angesichts seiner Verletzungen werde da mit Sicherheit nichts draus und ich solle dies doch für ihn tun. Damals wußte ich noch nicht, daß dieses Angebot mitnichten ein nobles war, aber mich reizte die Jagd auf den Kleinen Hahn und ich war unbescheiden genug, das Angebot anzunehmen.
Sei's drum. Ich fuhr, als die Straßen dann im März schon wieder besser zu befahren waren, ins Salzburgische, um mich zum einen bekannt zu machen und zum anderen die Einzelheiten zu besprechen und festzulegen. Was ich vorfand, war ein ländliches Wirtshaus und einen Wirt, der wohl genug wußte, was ihm gut tat und der sein Revier entsprechenden ‚Abschußnehmern' gern und entgeltreich zur Verfügung stellte.

Seinerzeit, als sich dies alles zutrug, machte man sich über die Entnahme von zwei oder drei Hahnen aus einem gutbesetzten Gebirgsrevier noch nicht so viele Gedanken und vertrat, wie übrigens heute auch noch, die vernünftige Ansicht, daß solch vernünftiger Eingriff dem Bestand, habe er nur sonst die nötige Ruhe und den zusagenden Biotop, überhaupt nicht schaden könne.

Als Bub hatte ich ein- oder zweimal Falz und Hahnenjagd erleben können, hatte aber bis zu dem Zeitpunkt, von dem ich hier erzähle, niemals mehr auch nur mit einem Gedanken hahnjägerischer Freuden gedacht. Nun aber wollte ich die Gelegenheit beim Schopfe nehmen, koste es, was es wolle und dies im wahrsten Sinne des Wortes. Also wurde es Mitte Mai, als ich mich dann wiederum auf den Weg machte. Bockbüchsflinte, warme Kleidung und Schuhwerk, kurzum alle die Siebensachen, die man bei der Bergjägerei benötigt, verschwanden im Wagen und versehen mit den guten Wünschen der Meinen fuhr ich los, um zur vereinbarten Zeit im besagten Wirtshaus einzupassieren und dort den mir zugewiesenen Pirschführer zu treffen. Es war der Simon. Bei einer gemeinsamen Brotzeit tasteten wir uns gegenseitig ab und bald stellte ich mit Behagen fest, daß er einer jener wortkargen Art war, die das Wesentliche vom Unwesentlichen wohl zu trennen weiß und letzteres in aller Regel unausgesprochen läßt. Das Wesentliche in diesem Fall aber war, daß wir am Nachmittag des gleichen Tages zur Unterburgalm aufsteigen, in einem Kaser nächtigen und nächsten Tages in erster Morgenstunde den Falzplatz angehen wollten.

„An Speck hascht wohl dabei und a Brot und a bissel an Schnaps," meinte der Simon, „nacha kann nix fehl'n. Mehra brauchscht aa net und morgen in der Fruah samma eh schon wieder herunt." Und er sagte das so, als sei es die ausgemachteste Sache der Welt, daß am Aser nächsten Tages ein Hahn hänge. Irgendwie aber strahlte er Ruhe und Vertrauenswürdigkeit aus, so daß ich selbst an einen guten Ausgang unseres Vorhabens glaubte. Dabei wurde mein Selbstbewußtsein doch leicht angekratzt, da ich feststellte, daß und in welchem Ausmaß sich die Wirtsstube füllte und auch andere, nicht unbedingt sympathische Dialekte hereinkrochen. Es waren Jagerische, wie ich bemerkte und als der jagdherrliche Wirt und auch der Simon begannen, die Herren zu begrüßen, wurde mir klar, daß es sich hier um ein gedeihliches und einträgliches Wirtschaftsunternehmen handelte. Drei Hahnen hatte man in diesem Jahr frei. Einer war am Vortag, weiß Diana von wem, erlegt worden und die hier nun zahlreich Versammelten sollten ihr Waidmannsheil auf die verbliebenen blauen Ritter versuchen. Und diese Ausgangslage paßte so recht nicht in meine Vorstellungen. Aber ich war nun einmal da und es würde schon irgendwie laufen. Zumindest einen guten Anblick erhoffte ich mir.

In der Zwischenzeit waren noch weitere zwei Pirschführer eingetroffen, die man zum Führen und zur Betreuung der hahnjägerischen Gäste offenbar in aller Eile herbeizitiert hatte und die sich ihrer Aufgabe wie auch dem spendierten Rotwein mit Feuereifer hingaben. Und dann schnappte man Gesprächsfetzen auf. Mit einer „Neundrei" wollte man den Hahnen zuleiberükken und dann hagelte es Erzählungen von ungarischen Sechzehnendern und moskowiter Auerhahnen. Bald war die Wirtsstube vollgequalmt, daß man kaum mehr etwas sehen konnte. Trotzdem aber sah ich, daß mir der Simon, dem diese Konstellation wohl auch nicht paßte, einen für andere unmerklichen Wink gab und ich verstand, daß wir ohne viel Aufhebens aufbrechen wollten.

So stiegen wir zu nachmittäglicher Stunde zu besagter Alm auf, die wir bei untergehender Sonne erreichten. Geschwind war ein Feuer im Sesselofen und eine uralte Petroleumlampe entzündet und ich genoß das schon viele Male zitierte Hausen auf einer Jagdhütte, die auch noch anderem Zwecke diente.

„Im Sommer," verriet mir der Simon, „da ischt der Vatta heroben und schaut auf's Jungvieh. Aber lang wird er's auch nicht mehr machen können." Unser Obdach war ein alter Kaser, aber die Milchwirtschaft hatte man aus naheliegenden Gründen aufgegeben. Überall hingen kupfernes Geschirr und Pfannen an den Wänden und vor nicht zu langer Zeit hatten ein paar Burschen hier eingebrochen, um Unersetzliches zu stehlen. Beim Versuch, die Raritäten an den Mann zu bringen, waren sie allerdings dingfest gemacht worden.

Aus riesigen Tassen schlürften wir unseren Tee, wobei wir diesen Schlaftrunk mit viel Zucker und Rum veredelten. Seine Schweigsamkeit hatte der Simon noch nicht abgelegt und die aufkommende Müdigkeit machte auch mich nicht sehr gesprächig. Ich mochte nicht fragen nach dem Wohin und Wann, weil solches oftmals falsch verstanden wird und oft ist es besser, die Dinge auf sich zukommen zu lassen. Noch einmal traten wir vor den Kaser und schöpften angesichts eines sternenklaren Himmels Hoffnung auf einen sonnenklaren nächsten Tag, der aber auch kalt zu werden versprach. Der Simon kümmerte sich nochmals ums Feuer, das bis zum nächsten Morgen durchbrennen sollte, dann besprachen wir unseren Aufbruch um ein Uhr, denn es sei schon noch ein Stück zu steigen. Der Schieber in der Decke wurde geöffnet, um die warme Luft aufsteigen zu lassen und schon hörte ich meinen Pirschführer schnarchen, daß es einem Waldarbeitertrupp zu aller Ehre gereicht hätte. Irgendwann mußte auch ich eingeschlafen sein, aber sehr lange konnte ich nicht geruht haben, denn ich hörte, „'s ischt Zeit," und während der Pirschführer das Feuer neu entfacht und einen Tee gebrüht hatte, legte ich das Notwendige an und stieg ebenfalls nach unten. Dann den Wetterfleck und die Büchse aufgenommen und als wir gegen halb zwei aus der Hütte traten, schlug uns die Kälte der Nacht wie eine Faust ins Gesicht. Kaum bogen wir um den Kaser, als wir in totaler Finsternis waren, die nur gelegentlich von einer Taschenlampe aufgehellt wurde, um den günstigsten Einstieg ins Gewänd zu suchen. Auf den ersten Gängen waren die Glieder noch steif, aber schon wenig später wurde mir warm. Der Ostwind riß an den Mänteln und wir sanken teilweise bis zu den Hüften in den Schnee. Rotwild, ein paar Gänge vor uns und nur schemenhaft erkennbar, wich vor unserem Kommen aus und ein Kauz strich vor uns ab. Immer wieder sanken wir ein und die vom Simon getretene Spur wurde immer steiler. Wohl erkannte ich zur linken Hand einen Lahner, den wir aber mieden und uns lieber durch den Bestand fortbewegten, um Störungen zu vermeiden. Später dann, als wir zum Lahner hinüberwechselten, frei und allen Lichtern und Sehern ausgesetzt, so sie um diese Zeit geöffnet waren, deutete der Simon ohne weiteres Wort auf eine Stelle, ließ sich mehrere Male rücklings in den Schnee fallen, bis er eine Art Schneeloch für uns beide geschaffen hatte. Hier konnten wir uns niederlassen und es galt, zu warten. Wir richteten alles - den Rucksack als Unterlage für die Bockbüchsflinte, laden, dann einen Pullover übergezogen und in die Mäntel eingewickelt. So saßen wir schweigend und lange und wir wußten, um was es ging. Der Simon wies nach oben. Dort würden die Hahnen einfallen. Aber zum Schauen war's noch nichts. Uns umgab eine bläulich dumpfe Schneefläche, rechts ein zu dieser Stunde schwarzes Fichtengehölz und eine schier hörbare Stille. Wir hatten die Gläser an den Augen, suchten jeden Fleck ab, bis die bekannten und berühmten Sterne anfingen, zu tanzen. Ich hatte nicht Lust, nach der Uhr zu sehen, als sich ganz allmählich am östlichen Firmament ein grauer Streifen zeigte, der größer und breiter wurde und uns nun den Balzplatz besser einsehen ließ. In wohlbemessenen Abständen ließ der Simon seinen Lockruf ertönen. Wieder Stille. Dann oben rechts in den Latschen Antwort, „tschuj – tschuj." Dann auch von links die gleichen Laute und dann erkannte ich zwei Kämpen, die sich mit leuchtend roten Balzrosen gegenüberstanden – Stingel nach vorn, um zu imponieren. Aber im nunmehr zunehmenden Licht des Morgens sah man, daß es sich um zwei ‚Schneider' handelte, junge Draufgänger, denen die Kugel nicht gelten durfte. Meterhohe Sprünge vollführten sie und sprangen sich an, wobei sie ständig ihre Positionen wechselten, denn in aller Regel hatte der obenstehende Hahn bei einer Attacke die bessere Ausgangslage. Plötzlich unterbrachen sie ihr Balzspiel – sie äugten nach links, hinüber zu den Latschen, wo nun wirklich mit kurzem Strich ein dritter Hahn auf der Blöße einfiel. Durch sein Gehabe zeigte er an, daß er hier der Souverän sei.

„Schiaß eam," zischelte es. Also, Büchs einziehen, mit dem Glas ins Ziel gehen - da brach plötzlich ein Schuß. Bei dieser Schneelage konnte man eine Entfernung nur schlecht schätzen, weil es auch keinen Widerhall gab, aber an die fünfhundert Meter mochte es wohl gewesen sein.

Natürlich war die Szene vor uns mit einem Schlag leer; keiner der Hahnen war mehr zu sehen. Das hatte mir gerade noch gefehlt.

„Zetürken," fluchte der Simon und dann folgte eine nicht endende Abfolge von Flüchen und Verwünschungen, die niederzuschreiben sich die Feder sträubt. Ich dagegen war mehr wütend auf mich selbst. Hätte ich nicht eine Zehntelsekunde eher...? All die Plagerei zur Nachtstunde war umsonst gewesen und ob sich angesichts der Störung noch mal ein Versuch lohnen würde, stand für mich noch nicht fest.

Wir standen aus unserem Loch auf, streckten die kalten Glieder und genehmigten uns dann erst einmal eine Zigarette. Der Simon zauberte aus seinem Aser eine Thermosflasche und das, was sich dann daraus ergoß, war das reinste Labsal – Tee mit Zucker und Rum. Dann machten wir uns schweigsam auf den Rückweg zum Kaser. Über was hätten wir auch sprechen sollen. Hier hatte sich die üble Schattenseite der Situation gezeigt, wenn aus Geldgründen die Jagerei zum Wettlauf wird, bei dem

einer mit absoluter Sicherheit der Dumme ist. Und so, wie es jetzt ausschaute, war ich derjenige, der das Nachsehen hatte.
Inzwischen war die Sonne in ihre Bahn getreten und, wie es ausschaute, hatten wir einen herrlichen Tag zu erwarten. Nachdem wir mehr oder minder lustlos etwas gegessen, getrunken und uns einen Tabak gegönnt hatten, erklärte mir der Simon, er gehe jetzt hinunter ins Tal, um sich schlau zu machen und zu erfragen, wie sich was in den letzten Stunden zugetragen hatte. Mir empfahl er, ein wenig Schlaf nachzuholen oder zu tun, was mir beliebe. Am Nachmittag sei er wieder heroben. Und nachdem er außer Sichtweite war, verkroch ich mich nochmals in meine Liegstatt, schlief ein paar Stunden, setzte mich dann vor die Tür und beobachtete mit dem Glas die Schneehühner, die sich ihre karge Äsung aus dem Schnee scharrten, hatte Rehe und Rotwild in Anblick und als mir das Herumtrödeln zu viel wurde, nahm ich die Axt und machte Brennholz für den Abend und auch für eventuell Nachkommende. Die Ernährung, für nur einen Tag ausgelegt, war nicht gerade das, was man unter fulminant versteht, aber der Simon hatte versprochen, beim Wiederkommen für etwas Nachschub zu sorgen. Kurz vor der sechsten Abendstunde erkannte ich den Gefährten auf dem Ziehweg heraufsteigen. Und kaum hatte er Mantel und Rucksack auf die Bank geworfen, berichtete er mir über die ärgerlichen Vorgänge dieses Tages. Es war so gewesen, wie ich's vermutet hatte. Eine weitere Partie war ebenfalls auf einer Jagdhütte zur Nacht gewesen und weil die Jagdgäste, so man sie als solche überhaupt bezeichnen konnte, sich im Übermaß dem sinnetrübenden Alkohol hingegeben hatten, fiel es dem Pirschführer schwer, sie des Morgens aus ihren Decken zu bekommen, was dann doch bei zumindest einem gelang. Dieser Mann hatte dann etwa fünfhundert Meter von uns entfernt, einen Spielhahn be-, aber überschossen, hatte dann Vorwürfe wegen schlechter Vorbereitung und Führung erhoben und war, wohl aus Verärgerung, schon abgereist.

„Und jetzta denkama uns nix mehr. Morgn schiaßt du dein Hoh." Zudem versicherte er mir, daß wir diesmal allein unterwegs seien und niemand uns störe.

So verlief dieser Abend in Ruhe, bei inzwischen ergänzter Nahrung sowie Tabak und dem üblichen Tee. Natürlich gab's Gespräche zum Thema ‚Jagdgäste', aber zu lange saßen wir nicht mehr am Tisch, denn um ein Uhr sollte wieder ausgerückt werden.

Es war noch Nacht, als wir uns wieder auf den Weg und Aufstieg machten. Das Wetter hatte gehalten, nur war es empfindlich kälter geworden. Wir kamen heute gut voran, zumal wir in unsere Spuren vom Vortag treten konnten. Auch unser Schneeloch fanden wir auf Anhieb. Von „sich einrichten" konnte angesichts der Kälte keine Rede sein. Mit dem ersten Morgengrauen machten wir oben in den Latschen zwei junge Hahnen aus. Vielleicht waren's jene, die schon am Vortag hier ihr Spiel getrieben hatten. Dazugesellt hatten sich aber auch zwei Hennen, die sich indes abseits hielten. Dann fiel ein dritter Hahn ein, der jedoch trotz seines protzigen Verhaltens nicht unbedingt nach meinem Geschmack war. Dazu schätzte ich ihn für viel zu jung ein. Dann graute wieder der Tag. Ein breites helles Band bildete sich langsam am östlichen Himmel aus und jedermann, den es interessiert, weiß, daß sich mit dem Hellwerden auch die Umgebung zunehmend verändert. Von unten kroch die Kälte in den Körper und zumal sich langsam auch der Wind legte, fühlte man das Steifwerden der Glieder in zunehmendem Maße. Dabei sahen wir nun auf etwa hundert Meter, daß der Balzbetrieb in vollem Gange war. Das war ein Flattern und Springen, oft meterhoch. Nur die Balzlaute waren, da wir weiter unten lagen, nicht zu vernehmen. Ein kurzer, fragender Blick zum Simon, aber der schüttelte den Kopf. Noch nicht schießen, hieß das, warten! Wohl erwartete er, wie ich, den Alten, den wir schon am Vortag geschaut hatten. Und plötzlich - St. Hubertus sei Dank

– schwang sich von einer Fichte, wo er vorher für uns nicht sichtbar war, ein guter, alter Hahn auf der vor uns liegenden Schneefläche ein, schüttelte sein Gefieder und begann, die Lage zu überschauen. Dann spreizte er den Stoß und begann, auf die jungen Hähne loszugehen, die auch sofort die neue Situation richtig einschätzten. Das war er, den ich haben wollte! Es bedurfte jetzt keiner Aufforderung durch den Simon. Jetzt galt es, die Kälte und die steifen Finger zu vergessen. R u h e ! Kolben einziehen, entsichern - und dann war der Schuß draußen und mir war, als ob mit der Kugel auch die aufgestaute Spannung mit hinausgeschleudert worden wäre. Der Hahn quittierte die Kugel mit einem meterhohen Sprung, fiel dann in den Schnee zurück – und stand plötzlich wieder auf den Läufen, schaute um sich, fast, wie mir schien, verwundert. Es bedurfte nicht des gehauchten, „schiaß nach," des Simon. Eine neue Kugel war bereits im Lauf und auch schon heraus, wobei ich etwas tiefer abkam, wissend, daß die zweiten und dritten Schüsse aus einer Bockbüchsflinte zu steigen pflegen. Wieder hob es den Hahn in die Höhe und wieder fiel er zurück in den Schnee. Und da erkannte ich Schweiß an der Stelle, wo er die Kugel empfangen hatte. Er war also getroffen. Aber in seinem Verhalten ließ er nichts erkennen, das auf eine Verwundung hätte schließen lassen. Sollte ich nun eine dritte Kugel - fünf hatte ich dabei – wagen? Aber dieser Überlegung wurde ich entbunden, als der Hahn die Schwingen breitete, sich abstieß und zu Tal ritt. Zorn überkam mich, zumal der Simon, den Hahn mit dem Glas verfolgend, meinte: „Jetzt ischt er dahin." Sagt doch eine alte Erfahrung, daß Großer oder Kleiner Hahn, sind sie erst mal auf den Schwingen, zu hohen Prozenten verloren und unauffindbar sind.

Hier aber war's anders. Keine dreißig Meter seitwärts von uns setzte der Hahn im Schnee auf, rutschte über Stingel und Brust, eine Schweißspur hinterlassend und man erkannte ohne Kunst, daß er zumindest eine Kugel hatte. Dann faltete er den Stoß und schritt, langsam und uns gleichsam verachtend, schräg zum Hang unter die schützende Wächte einer kleinen krummen Fichte, wo er unseren Blicken entschwand. Also, hieß es jetzt warten, denn schließlich mußte der Blauritter, gezeichnet, sein Ende finden und mir widerstrebte, ihn im Verglühen seines Lebens profan einfach anzugehen. Aus unserem Frösteln war inzwischen ein Zittern geworden und wir begriffen, wie sehr die Kälte uns zusetzte. Auch eine aus der Tasche gefingerte Zigarette half nichts. Wir standen in unserem Schneeloch, vertraten die Beine, ohne dabei die Fichte, die den Hahn barg, aus den Augen zu lassen, unterhielten uns halblaut und der Simon meinte, so etwas von Hahnjagerei habe er in seinem Leben noch nicht erlebt, obwohl er doch schon eine Reihe von Gästen geführt und zum Erfolg gebracht hätte. Ich konnte nur vermuten, daß die ganze Misere auf das von mir verwendete Vollmantelgeschoß zurückzuführen war, dem ich den Vorzug gegeben hatte, um den nicht mehr als hühnergroßen Hahn zu schonen. Dann entschlossen wir uns doch, auf die kleine Fichte zuzugehen, der Simon von unten und ich von oben, um den Hahn quasi einzukesseln und kaum hatten wir uns auf ein paar Meter dem Versteck des Hahnes genähert, trat dieser aus dem Loch heraus, stark schweißend, wie unschwer zu erkennen war, und wandte sich nach oben. Hier erkannte er mich, trat zurück. Ein Flüchtigwerden war für ihn angesichts seiner Todesschwäche nicht mehr möglich. Aber bevor ich weiter denken und planen konnte, hatte sich der Simon auf den Hahn geworfen, faßte ihn am Stingel und hielt ihn umklammert, um dem grausigen Spiel ein baldiges Ende zu machen. Wie lange das dauerte, weiß ich heute nicht mehr. Ich sah nur, als der Begleiter mir den Hahn reichte, daß dieser – wohl infolge des Schocks – sein gesamtes Spiel verloren hatte. Die Federn lagen im Schnee und wir hatten zweierlei Glück. Zum einen hatte sich der Ostwind gelegt und zum anderen fand ich im Aser tatsächlich einen Plastikbeutel, den mir wahrscheinlich eine wohlmeinende Fee dorthin gezaubert haben mochte. So standen oder lagen nun zwei erwachsene Mannsbilder im Schnee und sammelten alle Federn, deren sie habhaft werden konnten, eine urkomische Situation und es war wohl auch gut, daß uns dabei niemand zugeschaut hat.

„Waidmannsheil," wünschte mir der Simon und fügte hinzu, daß er „so a bleede G'schicht noch net erlebt hätte," und „wannst des oam verzählst, der glaabt's ned," Trotz aller Unbill betrachtete ich meinen Hahn, der beide Schüsse hatte, und freute mich über sein blauschwarzes Gefieder und die leuchtend scharlachroten Balzrosen. Eine Zigarettenlänge hielt ich ihm die Totenwacht, dann aber drängte der Simon zum Aufbruch. Erleichtert, froh und leichtfüßig nahmen wir den Weg zurück zur Hütte und ins Tal, wo wir uns im altehrwürdigen Gasthaus eine Brotzeit erbaten, die auch uns wieder auf die Läufe brachte.

Nun hat es aber eine solche Situation an sich, daß sie sich mit Windeseile verbreitet und bald war die Wirtsstube mit Neugierigen gefüllt, wobei auch zwei der anderen Hahnjäger antrabten und einer von ihnen sich dazu verstieg, mir den Hahn abkaufen zu wollen.

Ein Präparator, Meister seines Faches im fernen Niederbayern hat zu guter Letzt einen anschaubaren „Spielhahn in der Balz" geschaffen und Stoß und Unterstoß mit viel Aufwand an den gehörigen Platz gebracht.

Der Simon aber meinte zum Abschied: „a Massel hoscht g'habt - mit Dei'm nackerten Hoh".

Ums Gamswild

Es wurde, wer wollte es bestreiten, über das oder die Gams seit Menschengedenken viel geschrieben, gesprochen und diskutiert. Und nicht jeder der vermeintlich Wissenden war ein Nerl oder ein Kramer-Klett, die in Schilderungen und wissenschaftlich Begründetem viel dazu beigetragen haben, daß wir heute mehr über diese liebenswerte Wildart wissen als unsere Altvorderen. Anders als jene, die da herrliches, blütenweißes Papier verbrauchten, um wenig Wahres, viel Unsinniges und noch mehr Falsches über diese Gebirgsbewohner von sich zu geben. Aber zu allem gibt es ja Gründe. Es ist fraglos etwas anderes, sich da oben aufzuhalten, mehr als daheim, und mit Wild und Berg eins zu sein, zu erkunden, zu schauen und zu lernen.

Auch Herzog Ludwig Wilhelm in Bayern hat in seinem Buch ‚Die Jagd im Gebirg', das heute kaum mehr zu erlangen ist, in einfacher Klarheit viel Gescheites zu diesem Thema gesagt. Aber sein Wissen und seine Darstellung der Dinge entsprang intensivem Erleben und einer ständigen Beschäftigung mit diesen

Dingen. Er war einer der wenigen, die sich bereit fanden, zu schreiben, denn seien wir einmal ehrlich: Diejenigen, die am meisten über das Gamswild sagen oder gar schreiben könnten, sind die Berufsjäger. Ich habe aber nur ganz wenige angetroffen, die auch wirklich bereit gewesen wären, sich über ihr Wissen auszubreiten. Warum? Sie sind keine Gymnasiasten, Humanisten oder G'studierte. In aller Regel haben sie einen handwerklichen Beruf erlernt und der Umgang mit der Schreibmaschine ist ihnen von Herzen zuwider. Und im übrigen muß man sich fragen, warum ein „Berufstätiger", ob nun Metzger, Schreiner oder Zimmermann, sich über seine speziellen Kenntnisse schriftlich auslassen sollte. Das tut wohl keiner. Oder nur wenige.

In meines Großvaters Hinterlassenschaft befanden sich ungezählte Ausgaben von Jagdzeitschriften des ausgehenden neunzehnten Jahrhunderts mit den für die damalige Zeit eigenen Berichten von Jägern in aller Welt. Dabei fehlten auch nicht Erzählungen von der „Gemsenjagd", die aber im wesentlichen drei Dinge im Vordergrund stehen ließen. Zum einen beschrieben sie uno sono den schweißtreibenden Aufstieg, der für sie ungewohnt war. Zum anderen ließen sie den geneigten Leser an einem urigen Hüttenaufenthalt teilnehmen, vergaßen nicht, den wärmespendenden Ofen zu erwähnen und delektierten sich über die einfachen Gemüter der Pirschführer. Ja, und der Rest war Hofberichterstattung und das Rühmen der jagdlichen Heldentaten des Hochadels. Selten war zu lesen vom Ansprechen. Nur der „gezirkelte Blattschuß" auf dreihundert Meter und das im Feuer stürzende Stück Gamswild wurde groß herausgestellt. Hurra!

Das alles ließ Mißtrauen in meiner damaligen jugendlichen Seele aufkommen. So konnte das alles nicht geschehen und abgelaufen sein. Aber es bedurfte noch einer geraumen Zeit, bis ich das alles selbst erfahren, ersteigen und erleben durfte. Deshalb lassen wir die Wissenschaft sein und auch die Berichterstattung verflossener Zeiten, weil wir ja auch niemanden belehren wollen. Ich will nur berichten und teilhaben lassen ans Schauen und ums Jagern auf diese liebenswerte Wildart und an unvergeßliche Pirschgänge.

Soll ich's bedauern oder mich glücklich schätzen, aber ich habe in all den Jahren, da ich den Gams nachstellen konnte, nie eine Situation erleben müssen, da mich das Nachstellen und Bringen des Wildes in lebensgefährliche Bedrängnis gebracht hätten.

Es war in den achtziger Jahren, als ich, damals noch gut auf den Läufen, die Gelegenheit hatte, im Achentalgebiet auf Gams zu jagen. Es war ein sonnenreicher Septembertag, als ich mit dem Berufsjäger, dessen späteres Schicksal ebenso grauenhaft wie außergewöhnlich verlief, von der Hütte aus, die wir am Abend zuvor erreicht hatten, aufbrach. Wir mochten zwei Stunden gepirscht und geschaut haben, als wir über eine tiefe Rinne am Gegenhang einen sehr starken Gamsbock ausmachten. Er äste sich ständig und langsam voran und an einen guten und sicheren Schuß mochte ich nicht denken. Die Entfernung lag bei etwa dreihundertfünfzig Metern und das wollte ich dann doch nicht wagen.

„Wennst den schiass'n magst?" Diese Frage kam eher zögerlich und so konnte ich seiner Tonlage entsprechend heraushören, daß er sich selber nicht sicher war. „Naa, des is z'weit". Ich wollte hier die Verantwortung nicht auf mich nehmen, aber in solchen Situationen ist's oft nicht leicht, eine vernünftige Entscheidung zu treffen, zumal man nie wissen konnte, ob es an diesem

Tage vielleicht die einzige Möglichkeit war, an einen schußbaren und darüber hinaus guten und alten Gams zu kommen.

Wir stiegen weiter, voran der Hans, dann ich und zum Schluß die Bay-

erische Gebirgsschweiß-Hündin. Plötzlich nahm der Hans das Glas an die Augen, blickte hinauf zur Schneid, wo einige Stükke Scharwild standen und zu uns herunter äugten.
„Schaug, da drobn steaht an alte Goaß mit am Kitz."
Ich wußte, was er meinte. Kitz zuerst und dann die Gais. Hektik brach nicht gerade aus, als auch ich im Spektiv eine alte Dame ausmachte mit weit ausgestellten Krucken und total verwaschenen Zügeln. Aber ich fand ganz einfach keine vernünftige Auflage für die Büchse. Auf unserer Seite ging's steil bergab. Da war kein Felsbrocken, keine Möglichkeit, sich auf einen ebenfalls weiten Schuß einzurichten.
„Schiaß vom Stecken," meinte der Hans. Ich versuchte, auf dem Boden sitzend, in eine annähernd gute Position zu kommen, den Bergstock einigermaßen zu ‚verkeilen' und eine Auflage für den Ellbogen zu suchen. Es war ein heilloses Gezittere, denn es macht schon einen gewaltigen Unterschied, ob man vom Stock auf eine recht weite Entfernung zu schießen versucht, oder ob man beim ‚Jagaschiaßn' unter gleichen Bedingungen auf hundert Meter sein Glück auf die Scheibe versucht. Als ich das Kitz für einen Moment gut im Glas hatte, ließ ich die Kugel aus dem Lauf. Und in diesem Augenblick spürte ich über dem rechten Auge einen heftigen Schmerz und schon lief es mir rot übers Gesicht. Weil der Schuß doch ziemlich steil hinaufgegangen war, hatte mir der Rückstoß und der Okularrand auf die Augenbraue geschlagen.
„Na, na," sagte der Hans, während er durch sein Spektiv hinauf zum Anschuß visitierte, „da hast sauber g'fehlt. Danebn hot's eing'schlag'n." Wir müßten nicht nachsuchen, meinte er. Den Einschlag der Kugel habe er durch's Glas gesehen. Und als er dann die Augen wieder frei hatte, sah er die Bescherung bei mir. Er hatte ein Pflaster im Rucksack und nachdem die Wunde sehr schnell aufgehört hatte, zu bluten, ging's auch schon wieder besser. Während ich noch damit beschäftigt war, in mein lädiertes

Gesicht etwas Ordnung zu bringen, hörte ich den Hans sagen: „Drah Di amol um!" Ich tat's und erblickte auf wohl hundert Schritte acht Gamsböcke, so um die sechs bis acht Jahre alt. Sie hatten unser vorheriges Tun mit Sicherheit wohl wahrgenommen und dennoch friedlich weiter geäst. Das waren damals noch Wildbestände, von denen man heutzutage nur noch träumen kann. Der Hans hatte jetzt schon genauer hingeschaut und eine Auswahl getroffen. Den Zweiten von links sollte ich erlegen. Diesmal müsse es ja nun passen. Es war keine Kunst und bedurfte auch keines besonderen Könnens, dem Bock die Kugel anzutragen und ich denke, daß er den Schuß nicht mehr gehört hatte. Er lag sofort. Seine Gesellen hatten beim Schuß aufgeworfen, ein paar Sätze bergwärts getan und dann ein Haberl gemacht und als wir nach einiger Zeit aus der Deckung aufstanden, um zum erlegten Bock zu gehen, ästen sie auf Sichtweite weiter und ließen sich in ihrer friedlichen Beschäftigung und Nahrungsaufnahme in keiner Weise stören oder beirren. Das änderte sich auch nicht, als wir nach einer Zigarette und belustigter Rückschau auf das soeben Erlebte daran gingen, den Bock aufzubrechen und zu versorgen. Das waren noch Zeiten! Gams gab's in reichem Maße, ohne daß die Bergwelt Schaden an ihnen nahm und das Forstpersonal jeden Grashalm zu melden hatte, den sie geäst hatten.

Das zeigte sich auch, als wir den Rückweg zur Hütte antraten. Etwa zehn Stück Scharwild zogen vor uns her und erst auf lauten Zuruf, daß sich die Jäger etwas mehr Respekt erbitten wollten, ließen sie uns, nach rechts und links ausweichend, vorbeiziehen. Dabei lagen keine vierzig Meter zwischen uns.

Es wurde ein gemütlicher Abend auf der Hütte. Draußen, unter der hölzernen Dachrinne, wußte ich meinen Gamsbock zum „Lüften" aufgehängt. Der Hans bereitete uns ein Abendessen aus Eiern und Speck. Rotwein war auch vorhanden. Der „Waschtl" miefte auf der Bank vor sich hin, nachdem er seinen Anteil vom Aufbruch bekommen hatte und da wir beide Land und Leute, Berufsjäger und deren Hunde gut kannten, gingen uns weder das Feuer im Sesselofen noch der Gesprächsstoff aus. Wir kamen auch nochmals auf meinen Fehlschuß zu sprechen, der mich natürlich ärgerte. Aber es war ja mein Fehler gewesen, mich bei solcher Distanz auf einen Schuß einzulassen, obwohl ich erkennen mußte, daß zudem die Auflage eher wackelig als solide war.

Wir redeten über Gott und die Welt, über gemeinsame Freunde und Bekannte, über die Jagd und die in den letzten Jahren entstandenen Veränderungen, denen wir mehr oder minder verständnislos gegenüber standen. Und dennoch – hier heroben war die jagerische Welt noch in Ordnung. Bis hierher hatten sich die allgescheiten Systemverbesserer doch noch nicht gewagt, die da von „Umwelt" sprachen, statt das Wort „Mitwelt" anzuwenden.

Dann machten wir noch den Schlachtplan für den nächsten Tag. Noch ein Blick vor die Hüttentür, ein Blick zum Gamsbock und dann lag ich auch schon auf meinem Kreister und schlief ein. Den Hans hörte ich noch wie aus einer anderen Welt alle möglichen Dinge tun und dann umfing uns fast hörbare Stille.

Am nächsten Morgen, nach Frühstück und eher brummiger Verständigung, waren wir schon wieder auf den Läufen und selbdritt

in Richtung Hochriß und als wir die Stelle passierten, da ich gestern den Gamsbock erlegt hatte, stoben vor uns die Dohlen auf, die sich an den Resten des Aufbruchs gütlich taten. Die Untersuchung des gestrigen Fehlschusses dagegen ergab, daß das 6,5 mm-Geschoß an einem Fels das Ende seiner Reise gefunden und der Hans mit seiner Beobachtung Recht behalten hatte. Der war, obwohl er's nicht wahrhaben wollte, wegen des notwendigen Umweges ein wenig grantig, wahrscheinlich auch, weil ich den Wert seiner Einschätzung zwar nicht angezweifelt, aber doch zumindest kritisch aufgenommen hatte.
Droben aber, und das stimmte uns zwei nun wieder versöhnlich, machten wir wieder einmal Scharwild aus. Es mochten an die zwanzig Stück sein, die unser Näherkommen mit schief gehaltenen Häuptern beäugten, wieder verschwanden, um anderen den Vortritt auf der Schneid zu überlassen.
„Bei denen steht an alte Goaß. Vierzehn Jahr hat's, wenn ned a Jahr mehra," sagte der Hans, „die packst heut, weil's den nächsten Winter eh nicht übersteht."
Es wurde ein schwieriges Unterfangen, denn die Gams bestimmten ständig den Abstand zwischen sich und uns. Näherten wir uns ein wenig, so zogen sie ums Gleiche höher hinauf und äugten schamlos zu uns herunter. Alle Vorteile lagen fraglos auf ihrer Seite. Denn was sie mit ihren vier Läufen mühelos überwandten, mußten wir mit zwei Beinen und weniger schnell bewältigen. Schließlich aber fanden wir eine Wand, hinter der wir recht gut vorankamen – uneinsehbar. Und binnen kurzem führte mich der Hans zu einer etwas schiefen Wetterfichte, in die er

vor geraumer Zeit ein ‚Bodensitzl' gebaut hatte, gut geschützt gegen Sicht und Wetter. Dort konnten wir ein wenig rasten und hoffen, daß das Scharwild irgendwann einmal auf Schußweite herankommen würde. Der Wind kam von der Seite, von unten herauf. Das war's, was mich auf ein wohlverdientes Rauchkraut verzichten ließ. Aber es wurde eine lange ‚Rast'. Und es dauerte recht lange, bis in die vor uns liegende, baum- und strauchlose Szene endlich Bewegung kam. Nach und nach ließen sich die schon zuvor gesichteten Gamsmütter mit ihrem Nachwuchs sehen und diesmal war die Ausgangslage anders, weil wir sie beobachten konnten, während sie von unserer Anwesenheit keine Ahnung hatten, so lange der Wind nicht drehte. Die ältere Gamsgais war eine der letzten, die dem Jungvolk nachzog. Im Glas erkannte ich weit gestellte Krucken, die aber irrsinnig dünn waren.

Der Hans mochte sie vielleicht schon eher gesehen haben, denn er versetzte mir einen Rempler, bewegte den Kopf nur wenig, was so viel wie: ‚Das ist sie,' bedeutete. Der Schuß brach. Ich war gut abgekommen. Die Gais brach zusammen, schlegelte noch kurz... Es war ein notweniger Abschuß, wie sich dann herausstellte. Sie war recht abgemagert und bei der Konstitution und dem geringen Gewicht hätte sie den bevorstehenden Winter nur schwerlich überstanden. Wenn man aber, weil der Pirschführer, heute einen Ischias hat, die Gais dann notgedrungen selbst zur Hütte tragen muß, kommt einem, das geringe Gewicht nicht mehr so leicht über die Lippen.

Das Auszählen der Jahresringe ergab ein Alter von vierzehn Lebensjahren, über die Punkte, mit denen ihre Zier bewertet wurden, sei an dieser Stelle geschwiegen. Auf jeden Fall war es eine meiner besten Gamstrophäen überhaupt.

Der Hans, und das muß ich hier noch anmerken, führte mich in diesem Jahr zum letzten Mal. Irgend jemand, vielleicht auch

er selber, hatten ihm eingeredet, daß er an einer unheilbaren Krankheit leide und da er sich eine lange Leidenszeit ersparen wollte, ordnete er in seinem häuslichen Bereich alles penibel und richtete dann die Waffe gegen sich. Man fand ihn auf einem Hochsitz, nachdem man ihn tagelang gesucht hatte. Am Tage unserer letzten gemeinsamen Pirsch war ihm von seiner Verzweiflung nichts anzumerken. Im Nachhinein jedoch komme ich zu dem Schluß, daß ein für Außenstehende unkennbarer Hauch von Endzeitwissen um ihn war.

Wenige Monate später, es war Mitte Dezember und ums Ende der diesjährigen Gamsjagerei, erhielt ich mit meiner Frau zusammen eine Einladung zur Teilnahme an einer Vorweihnachtsfeier bei Freunden in Tirol und all unsere Einwände, daß wir da nicht unbedingt dazugehörten, wurden überhört oder ignoriert. So blieb uns nichts, als uns auf schneereicher Straße in Bewegung zu setzen, um dann letztlich doch an einer recht eindrucksvollen Feierlichkeit teilzunehmen. Nach anfänglicher Besinnlichkeit wurde die Runde dann immer munterer und ich beschloß, nun langsam die Rückfahrt ins Auge zu fassen, was jedoch völlig unmöglich wurde, denn irgendwer hatte geplaudert und die lautstarke Musik begann zur Mitternachtszeit jenes Geburtstagslied zu intonieren, das nicht besonders geistreich ist, aber von jedermann mitgesungen werden kann. Es folgte ein Gratulieren und Anstoßen und als letzter trat der Gastgeber an mich heran, wünschte Glück und Waidmannsheil und lud mich für den nächsten Tag zur Gamsjagd in sein Revier ein. Er habe, wie er meinte, seinen Abschuß noch nicht erfüllt und wolle mit mir in den verbleibenden zwei Tagen nach den „Gamezeln" schauen. Schöneres kann man sich wohl nicht denken: einen Geburtstagsgams! Er bot mir sogar an, mich mit allem aus seinem Fundus auszustatten. Mich aber ließ mein eingefleischter Aberglaube zu dem Entschluß kommen, erst nach Hause zu fahren, wenigstens für ein paar verbleibende Stunden zu ruhen und erst dann zurück und ins Revier zu fahren, immerhin mit der eigenen Büchse und der bewährten Bekleidung.

So geschah's dann auch und in aller Herrgottsfrühe war ich schon wieder auf dem Weg nach Tirol. Die Straße hatte man noch in der Nacht vom Schnee geräumt und so gestaltete sich die Fahrt recht angenehm. Inzwischen war rotgolden die Sonne aufgegangen und wir konnten unseren Plan, noch in der Dunkelheit mit dem Aufstieg zu beginnen, nicht verwirklichen. Aber wir wollten ja heute auch keine ‚Schinderei' haben. So wie mir der Freund die Dinge geschildert hatte, sollte herunten, also noch in der Waldregion, eine uralte Gamsgais stehen, der er selbst angesichts ihrer Schläue und Erfahrung nicht habhaft werden konnte. Heute sollte ich's probieren, denn sie sollte noch unbedingt erlegt werden. Kaum hatten wir die Bundesstraße verlassen, den Wagen des Freundes abgestellt und ein paar Schritte in Richtung des jetzt silber-weiß in der Sonne glänzenden Lahners getan, wurden wir der alten Dame schon ansichtig. Es mochten wohl sechzig Meter sein, wo sie am Rande eines Fichtenbestandes, der sich nahezu senkrecht nach oben schob, mit den Vorderläufen Äsung aus dem Schnee schlug und sich dabei im Schatten der Bäume hielt. Das wäre sie, flüsterte der neben mir im Schnee liegende Freund zu. Ich solle mich richten und schießen. Aber wie es häufig mit den Tücken und Teufeln so zugeht – der Wind hatte unmerklich umgeschlagen und zog nun angesichts der zunehmenden Erwärmung der Luft nach oben, genau in die Richtung auf das Ziel meiner Begierde. Es wäre ja auch zu schön gewesen, so im Vorbeigehen eine Gams zu erlegen, ohne Plage, ohne Verdienst. Die Gais hatte uns in den

Wind bekommen und zog nun völlig ruhig unter gelegentlichem Zurückäugen in den Fichtenbestand ein. Es verbot sich von selbst, jetzt in Hektik zu verfallen oder ihr vielleicht sogar nachzusteigen. Bei dieser Schneelage (und auch sonst) wäre sie uns weit überlegen gewesen. Vielleicht hatte sie schon öfter Kugeln um die Lauscher pfeifen hören. Also, durchschnaufen. Zu überlegen gab's nicht viel. Diese Chance war vertan. Wenn uns jetzt ein zufällig Daherkommender gesehen hätte, er hätte wohl nicht in die intelligentesten Gesichter geschaut. Sollten wir abbrechen, heimfahren? Uns ums Versagen ärgern lassen und dumme Sprüche anhören müssen?

Die Sonne war inzwischen noch höher gestiegen. Ringsum nur gleißendes Weiß. Kein Laut, abgesehen von gedämpftem Motorengeräusch, das von der Bundesstraße zuweilen heraufkam. Wir waren uns unausgesprochen einig, doch den jagdlichen Erfolg zu suchen. Erzwingen konnten wir ihn nicht. Das wußten wir. Aber wir hatten die Möglichkeit, weiter im Lahner so weit wie möglich aufzusteigen und dort unter und hinter irgendwelchen Latschen zu warten, ob uns St. Hubertus vielleicht doch noch gewogen sein würde, uns am vorletzten Tag der Schußzeit...ich konnte den Gedanken nicht zu Ende spinnen, denn plötzlich fesselte etwas Dunkles am oberen Rand des Lahners meine Aufmerksamkeit. Glas ans Auge. Dort war ein Gams niedergetan und ließ sich die warmen Sonnenstrahlen auf die Decke brennen. Auch mein Freund hatte das Gams im gleichen Augenblick entdeckt. „Du, des ischt a guate Goas, wia i siach," kam's von nebenan. Auch ich hatte im Glas gut ausgelegte Schläuche gesehen. „I bin mir aber ned sicher, ob's a Goas is," erwiderte ich. „Jo, jo, des hon i glei g'seachn. A Goas is des und an alte und guade aa no. I hab's eh scho amol gspürt." Ich war mir nicht sicher, denn die geschaute Hakelung sprach eindeutig für einen Bock. Wenn der Freund ‚die Goas' tatsächlich schon einmal gespürt hatte, wie er sagte, wollte ich seine Fähigkeiten im Ansprechen des Wildes

nicht in Zweifel ziehen. „I sogat," meinte er, „schiaß sie, wanns huach wird. Was Besseres kann i Dir net biat'n."
Ich blieb jetzt mit den Augen und dem Glas beim Gams und dann erkannte ich auch, daß die Entfernung wohl an die zweihundertfünfzig Meter messen dürfte. Also hieß es warten und vorsichtig eine gute Auflage für die Büchse herrichten und sich selber so gut wie möglich verkeilen, daß es, sollte es denn dazu kommen, ein guter Schuß werden sollte. Und deshalb war's wohl besser, im Schatten des Fichtenbestandes noch ein weniges weiter nach oben zu steigen. Schließlich bedeutete dies auch noch eine Verkürzung der Schußdistanz.
Herrschaftseitn, was fluchte ich auf mich selber, denn bei der Eile des Aufbruches daheim hatte ich mein Spektiv vergessen. Und das hätte ich jetzt gut brauchen können. Aber da geschah etwas, was mich auch das Spektiv vergessen ließ. Justament, als wir uns niedergelassen hatten, sah ich, daß das Stück im Begriff war, hochzuwerden, seine Decke zu schütteln und zu uns herunter zu äugen. Ohne Zweifel hatte sie uns wahrgenommen. Jetzt durfte ich nicht eine Minute zögern! Ruhig ging ich mit dem ‚Absehen Vier' ins Ziel. Der Schuß brach trocken, denn der Schall wurde vom Schnee geradezu verschluckt. Ich sah im Glas, daß das Gams stark zeichnete, ein Satzerl nach vorn machte und dann unversehens zusammenbrach. Dabei stellte sich ein Hinterlauf geradezu wie ein Signalmast in die Höhe. „Waidmannsheil! Sell war a guada Schuß," sagte der Freund und ich dankte, wie's der Brauch ist. Aber dann wurde mir bewußt, daß ich jetzt hinauf mußte, um das Gams zu versorgen, aufzubrechen und herunter zu tragen, während der Waidgenosse sich die Qual des Aufstieges sparen wollte und meinte, angesichts der Schneelage sei es doch besser, schnell nach Hause zu fahren und Schneereifen zu holen. Ich dagegen wollte sofort mit dem Aufstieg beginnen. So trennten wir uns. Ich wußte jetzt, was mir bevor stand. Das war ein Latschenhang und auf

den Latschen lagen gute sechzig Zentimeter Firn. Machte man einen Schritt vor- und aufwärts, brach ein Teil des Schnees ein und man sah unter sich schwarze Löcher. Man selbst stand immer wieder auf einem Ast. So näherte ich mich – die Zeit schien nicht zu vergehen – Schritt vor Schritt meiner Beute. Und ständig konnte ich mich am ‚Signalmast' orientieren. Als ich vor dem Gams stand, bestätigte sich meine Vermutung. Da brauchte ich den Gams nicht einmal zu wenden: es war ein Bock! Schon an der Stärke der Schläuche und an der Hakelung konnte man's leicht erkennen. Was jedoch den Freund in seiner Beurteilung getäuscht hatte, war der Umstand, daß vom langen Sitzen in der Sonne der Pinsel am Bauch ‚angepickt' und unsichtbar war. Und da hat man sein Spektiv daheim vergessen, hat überlegt und geschätzt.

Der Rest ist schnell erzählt. Aufbrechen, versorgen, Schützenbruch und dann hinunter ins Tal. Ich gestehe, daß ich beglückt war, als ich die Krucken in die Hand nehmen konnte. Gewaltig war's, was sich da zeigte. Später ergab die Vermessung sogar stolze 106 Punkte.

Des Freundes Jeep brachte uns in flotter Fahrt in sein Haus und ich schätzte mich glücklich, daß ich seinem Ansinnen, noch einen kurzen Halt im Wirtshaus einzulegen, widerstanden und ihm davon abgeraten hatte. In aller Regel weiten sich solche Aufenthalte zu gefährlichen Saufereien aus, weil auch der ansonsten Entfernteste in der Hoffnung auf feuchte Labung seine Glückwünsche loswerden möchte. Und je größer die Schar der Gratulanten, desto größer auch der meist ungute Ausgang solcher Zusammenkünfte. Das wollte und konnte ich verhindern.

Fiel mir doch in diesem Zusammenhang ein ‚Ereignis' ein, in das ich vor ein paar Jahren ohne eigenes Verschulden geraten war. Es war an einem Dezembertag, als ich mit meiner Frau aus dem oberen Ötztal kommend, einen kleinen Hunger verspürte und darum in einem dieser typischen Tiroler Gasthöfe einkehrte, um etwas für den knurrenden Magen zu tun. Vor der Haustür standen reichlich Fahrzeuge unterschiedlicher Art und als wir ein wenig neugierig die Gaststube betraten, konnte man die Luft förmlich schneiden und es herrschte ein solcher Lärm, daß ich schon an ‚geordneten Rückzug' dachte. Bevor ich jedoch besagtes Vorhaben in die Tat umsetzen konnte, eilte ein etwas kurz gewachsener Mann auf mich zu und packte mich am Arm.

„Wisse Sie, daß ich heut en Gemsbock geschosse hab?" Natürlich wußte ich's nicht, wünschte aber dennoch ‚Waidmannsheil'. „Wolle Sie den Gemsbock sehe? Komme Se mit". Und schon zog er mich am Ärmel in Richtung Tür und hinaus, auf den mit Fahrzeugen vollgestellten Hof, öffnete den Kofferraum seines sündteuren Gefährts und zeigte stolz auf einen Gams, um den er wirklich nicht so viel Aufhebens hätte machen müssen. Aber der gute Mann war überglücklich, auch wenn der Gams nach meiner Schätzung drei Jahre alt war. Als aber der Erleger merkte, daß ich seiner ‚Beute' ein wenig kritisch gegenüber stand, erlaubte er keine nähere Betrachtung, knallte den Kofferraumdeckel wieder zu und eilte, ohne sich weiter um meine Frau und mich zu kümmern, zurück zu seinem Wirtshaustisch, um sich weiter dem ‚Tottrinken' zu widmen. Außer seiner offenkundigen Trinkfestigkeit besaß er wohl auch eine bemerkenswerte körperliche Konstitution, denn wie ich ein andermal erfuhr, hatte er sich am Berg recht gut gehalten. Als er seinen Gamsbock erlegt hatte und mit dem ihn führenden Jagdaufseher in den Ort und ins Wirtshaus zurückkam, war wohl die halbe männliche Bevölkerung des Orts über unbekannte Buschtrommeln vom freudigen Ereignis informiert worden und versammelte sich nun unaufgefordert trinkend, rauchend und immer und immer wieder ‚Waidmannsheil' wünschend ‚beim Wirt'.

Ich setzte mich mit meiner Frau gehörig abseits und wir verzehrten unser Abendessen, während unser glückhafter Jägers-

mann, jeden, der die Wirtsstube betrat, sofort und unbarmherzig verhaftete und zur Besichtung seiner Beute drängte.
Das Spektakel hätte wohl so schnell kein Ende gefunden, wären da nicht zwei junge Burschen eingetreten, die auch sofort zur Besichtigung abgeführt wurden. Als der Freund aus dem Hessenland nun zum x-ten Male den Kofferraum öffnete, war kein Gams mehr da. Statt dessen sprang ein Stallhase vor Angst und Schrecken in die hinterste Ecke seines Gefängnisses und versah dieses mit den bekannten Kügerln. So schnell war, wie ich denke, noch nie ein halbwegs vernünftiger Mensch nüchtern geworden, wie unser Gemsenjäger. Sein lautes Gebrüll war bis in die Gaststube zu hören, und in der war's beileibe nicht gerade still.
„Wo is meine Gemse? Gestohle! Isch bring noch ään um." Er rannte ins Wirtshaus, verlangte vom Wirt die Rechnung, die anderen Saufkumpane aber beschuldigte er des Komplotts und des Diebstahls. Dann verließ er grußlos das Lokal, fand den Kofferraum seines Gefährts geöffnet und da lag, wie eh und je, sein Gamsbock. Nur der Stallhase war nicht mehr da.
Monate später wurde noch einmal über diesen Vorfall gesprochen und gelacht. Blieb nur zu sagen, daß sich der gute Mann nicht gerade geschickt verhalten hatte. Ob er je wieder jagend in dieser Region aufgetaucht ist, ist nicht bekannt und wenn ich ehrlich bin – es hat mich auch nicht sonderlich interessiert. Erzählt habe ich's nur, weil mir solch feucht-fröhliche Beutefeiern von Herzen zuwider sind und nur selten etwas Vernünftiges dabei herauskommt.
Salzburger Hutmacher erzeugen und verkaufen eine jägerische Kopfbedeckung, bei der auf der rechten Seite drei Laschen angebracht sind. Sie sind für den Glücksfall gedacht, daß einer, der sich's leisten kann und gut auf den Läufen oder besessen genug ist, Hirsch, Gams und Rehbock an ein und dem gleichen Tag zu strecken und sich dann mit den drei Schützenbrüchen zu

schmücken. Vor allem in früheren Zeiten soll's solches öfter gegeben haben. Na gut, auf zwei Brüche wird's so mancher schon gebracht haben. Aber mehr? Es muß ja nicht immer alles als ‚Bewegungsjagd' aufgezogen werden, wo die Schußfolgen beträchtlich, die Nachsuchen erheblich und die Waidgerechtigkeit erbärmlich ausschauen.

Einmal war ich nahe daran, mir den zweiten Schützenbruch an den Hut heften zu können, aber es sollte anders kommen.

Es war in der zweiten Augustwoche in Kärnten, da ich mittags auf der Jagdhütte eintraf und vom fachkundigen wie zuverlässigen Aufsichtsjäger erwartet wurde. Auch wir beide hatten schon so manchen Pirschgang gemeinsam unternommen und manchen Erfolg gehabt. Da gab's zuerst einmal einen starken Kaffee und einen von seiner Frau gebackenen Kuchen und nicht zuletzt die Planung unseres Vorgehens. Einen Bock hatte man mir zugedacht, jedoch hatten wir beim Aufstieg guten Anblick von Scharwild, daß ich nicht umhin konnte, den Jäger zu bitten, mir ein wenig des Schauens zu ermöglichen, denn was sich da am gegenüber liegenden Hang abspielte, war wirklich sehenswert. Etwa sechs Gaisen standen da wie liebevolle Mütter und Tanten, die das Treiben und Toben der Kinder beobachteten. Und diese junge Bande rutschte eines nach dem anderen immer wieder den Hang hinab und strebte nach lustiger Talfahrt wieder nach oben, wo es sofort wieder von vorn losging. Das alles war Spiel und Freude, aber es steckte wohl auch etwas anderes dahinter. Hier wurden Standfestigkeit und Bewegungsabläufe trainiert wie in einer Schule. Gestehen will ich gern, daß ich mich von diesem Treiben kaum zu trennen vermochte und erst auf das nachdrückliche Mahnen des Jägers wieder Bergstock und Büchse aufnahm. Um diese Jahreszeit halten sich die Böcke gern als Einzelgänger auf den begrünten Felsbändern auf. Nun gut – wir fanden nach einigem Suchen auf eine ansprechende Entfernung einen Gamsbock, der gerade dabei war, in den ihn bis dahin deckenden Latschen hochzuwerden. Der Schuß war keine Kunst, verlangte kein übermäßiges Können und nach kurzer Zigarettenpause machten wir uns auf, an den Bock heranzukommen, ihn zu versorgen und dann zur Hütte zu verbringen. Es war ein rechtes feistes ‚Bummerl', das da vor uns lag. Von Wildbret her lag er bei etwas weniger als sechzig Pfund, was man schon beim Liefern erleben und erleiden durfte.

Es gab eine kurze Rast, eine schnelle Brotzeit und ein wenig Schauen auf der Bank vor der Hütte, bis dann der Jäger meinte, das sei doch alles eigentlich nicht das rechte gewesen und wir wollten doch noch einen kleinen Pirschgang unternehmen. Zwar fragte ich mich, was ein erneutes ‚Ausrücken' bedeuten oder bringen solle, war aber sofort einverstanden, zumal ich nicht die Absicht hatte, den verbleibenden Tag auf der Bank vor der Hütte zu verbringen. Die Kamera wollte ich mitnehmen anstatt der Büchse, wurde aber sofort belehrt, „daß a g'scheida Jaga oiwei sei Büchs dabei hod," und so etwas muß man sich dann im fortgeschrittenen Alter auch noch sagen lassen. Aber er hatte wohl recht, der Jäger und irgendeinen Grund mochte er wohl auch haben, mir die Mitnahme der Büchse nahe zu legen. So – drücken wir's so aus – zottelten wir selbdritt, denn der Brackenrüde „Arco" war natürlich auch wieder dabei, schauend, beobachtend und ein wenig ‚wurstig' den Jagersteig hinauf. Fast zeitgleich machten wir unten im Kar einen Rehbock aus, in dessen Nähe eine Schmalgais genau wie er vom saftigen Grün naschte. Der Bock war ein starker Gabler mit guten Dachrosen. Er mochte vier Jahre alt sein. „Schiaß eahm," raunte mir der Jäger zu. „Der Chef hod g'sagt, Du sollst'n hom, weil er selm koa Zeit hod." Das würde kein leichter Schuß werden, denn die Möglichkeiten, eine brauchbare Auflage für die Büchse und ausreichenden Halt für Körper und Arm zu finden, waren hier nicht gerade ideal. Aber ich hatte ihn im Zielfernrohr; die Entfernung lag wohl bei hundertdreißig Meter. Kugel in den Lauf, entsichern, einstechen... „Papa, da sin Jeescha," brüllte ein Kind. Von oben her hatte sich eine Gruppe Touristen, die offenbar auf dem Rückweg von einer Tour waren, genähert. Und jetzt wurde es turbulent. Vor uns, auf einige Meter, stand eine Gruppe Menschen, vornehmlich aus Kindern bestehend, denen wir klarzumachen versuchten, daß sie sich doch auf den für Wanderer ausgewiesenen Wegen halten sollten. Das wiederum wollte der Anführer nicht einsehen. Er könne mit seinen Schutzbefohlenen hingehen, wohin er wolle. Dann mischte sich auch noch der ‚Arco' in den Streit ein, weil er vermeinte, jemand wolle seinem Herrn an den Kragen. Schließlich aber, nach gehabtem Gebrüll und giftigem Geschrei, trat die Gruppe den Rückzug an. Vielleicht aber hatte bei ihnen doch die Einsicht gesiegt, daß sie auf einem falschen Weg waren. Der Anführer wünschte uns noch lauthals einen „schönen Tach" und nach einiger Zeit waren sie wieder verschwunden. Verschwunden aber war auch der ersehnte Rehbock. Als wir hinab blickten in den Graben, wo er vorher mit seiner Gais stand, war die Szene leer. Weiter oben dagegen pfiffen die Murmeltiere und wir wußten, wohin Bock und Gais ihre Fährte gezogen oder aber flüchtig genommen hatten.

Um diese Weise kam ich um den zweiten Bruch am Hut, war aber nicht traurig darum, denn diese Schützenbrüche oder besser gesagt „Wälder an den Hutkrempen" waren noch nie meine Vorliebe. Dafür hatten wir guten Anblick gehabt und letztlich an diesem Tage auch Waidmannsheil.

Man kann das Jagen in den Bergen aber nicht vollständig behandeln, ohne die wichtigsten Dinge zu nennen, nämlich die zu gebrauchenden Waffen und die einzusetzenden Hunde. Es sind uralte Themen und eine ständige Quelle von Meinungsverschiedenheiten, Streitereien und gegenseitigem Belehren. Im Grunde aber verteidigt jeder seine aus einer Reihe von Erfahrungen gezogenen Erkenntnisse. Lassen wir also dies hier nicht in ballistische oder kynologische Erörterungen ausarten, zu denen sich Berufenere schon die Finger wund geschrieben haben. Ich selbst habe mit einem Repetierer vom Kaliber 6,5 x 57 aus dem ehrwürdigen Hause Steyr-Mannlicher über Jahrzehnte hinweg die besten Erfahrungen gemacht. Wenn man die richtige Kalibrierung einzusetzen weiß, kann man damit auf alle Wildarten des Gebirges getrost ‚jagern', angefangen vom Murmeltier, dem Spielhahn, dem Reh- und Gams- bis zum Rotwild.

Was die zu führenden Hunde angeht, so weiß ich keinen besseren, als den Bayerischen Gebirgsschweißhund, der – gute Veranlagung vorausgesetzt – bei der Arbeit auf Schweiß und beim ‚Stellen' den notwendigen Ernst und die erforderliche Wendigkeit mitbringt, um zum Erfolg zu kommen. Nur – und das habe ich erkannt und dabei auch aus eigenen Fehlern gelernt – dieser Hund gehört ausschließlich in die Hände von Berufsjägern, wo er jeden Tag im Einsatz steht. Aber gerade mit dieser edlen Hunderasse wird heute viel Schindluder getrieben. Man muß nur in die diversen Jagdzeitungen unter der Rubrik „Hunde" schauen, wo überwiegend Hunde „o.P." (ohne Papiere) angepriesen werden, deren Eltern „im ständigen jagdlichen Einsatz" stehen, was man dann glauben darf oder auch nicht.

Nicht weiter erzählen will ich von den zahllosen Pirschen auf die Gams, die jagdlich für mich zum Schönsten zählten, was einem widerfahren konnte, auch nicht von unvergessenen Tagen, den genossenen Freuden im Erfolg, von der Niedergeschlagenheit und den Selbstvorwürfen, wenn's nicht „gepaßt" hatte, von den Wetterumschlägen, die den Jäger von einer halben Stunde auf die andere durchgeweicht bis auf die Haut werden ließen. Wohl aber von der wohligen Geborgenheit einer wärmespendenden Jagdhütte, wo dann nach Heimkehr von rutschigem Gestein, nassem Gras oder hüfthohem Schnee Lodenzeug und Schuhwerk über der Sockenstange zum Trocknen hingen (und nicht selten einen schauderhaften Geruch ausströmten) und wo nach einem Imbiss und dem üblichen Rum mit Tee Kopf und Körper zum Erholen kamen. Da konnte dann gedankliche Nachlese gehalten und der Ablauf eines Jagdtages verarbeitet werden. Und dann würzten die ruhigen Gespräche im Rauch des Tabaks und des mitgebrachten Rotweins die Zeit und ich bekenne, daß mir solche Stunden oftmals ebenso wichtig waren wie das vorangegangene Geschehen.

Die, mit denen ich den Aufenthalt in der Einsamkeit der Berge teilen konnte, waren in aller Regel Berufsjäger, meist nicht übermäßig beredt, aber meist grundecht, voller Liebe und Wissen ums Wild, seine Gewohnheiten, Einstände und Wechsel und Verhaltensweisen. Und ich habe das, was ich an Wissenswertem aufgenommen und gelernte habe, einer Reihe dieser bescheidenen, treuen und bei aller Freundschaft und Hilfsbereitschaft dennoch stets auf eine feine Art Zurückhaltung Übenden zu verdanken.

Kanadisches Tagebuch

Ende der siebziger Jahre hatte ich mich überreden lassen, mit anderen fünf Jägersleuten zur Jagd nach Kanada, natürlich und unzweifelhaft zur Jagd auf den Elch, aufzubrechen. Es war eine bunt zusammen gewürfelte Jagdgesellschaft, deren Teilnehmer sich in den wenigsten Fällen vorher schon jemals begegnet waren. Und solche Konstellationen bleiben dann in aller Regel auch nicht problemfrei. Verhinderte Anführer, schießwütige Auchjäger, stille Beobachter, trinkfreudige Hallodris und solche, die in ihrer Jugend nicht ausreichend hatten Indianer spielen dürfen, vermeinten, ihren Freuden und Veranlagungen nun freien Lauf lassen zu sollen. Hinzu kamen noch landsmannschaftliche Unterschiede und Besonderheiten, die in kaum kaschierten Bosheiten freigesetzt wurden. Aber billig war's.

In Toronto hatten wir zwei ‚trucks' gemietet, mit denen wir alsbald in nördlicher Richtung aufbrachen, die kanadische Wasserscheide passierten, um dann angesichts plötzlich eingetretener Kälte in einem Motel zu übernachten. Der Manager des Etablissements war über unser Eintreffen dermaßen erfreut, daß er uns sogleich und vollzählig in sein Haus einlud, um uns mit Whiskey und Bier zu traktieren. An sich eine lobenswerte Geste. Als wir aber seinen ‚recreation room' im Kellergeschoß betraten, glaubten wir, unseren Augen nicht trauen zu dürfen. Schauderhafte Drucke mit ehemaligen Nazi-Größen an den Wänden, Modelle von Jagd- und Kampfflugzeugen, selbst gebaut, hingen an der Decke und als der gute Mann in eine Schublade griff und eine Wehrmachtspistole P 38 herausholte und damit herumfuchtelte, wurde uns die Sache dann doch etwas mulmig und, in diesem Falle völlig einig, mit herzlichem Dank für die freundliche und großzügige Einladung brausten wir zu unserer Bleibe. Der Manager ließ sich am nächsten Morgen beim Frühstück nicht blikken. Wir hofften inständig, daß er sich nichts angetan hatte.

Die Organisation unserer Truppe war ausgesprochen schlecht. Um es deutlich auszudrücken – wir wußten überhaupt nicht, wohin wir wollten. Das hatte sich vor Antritt der Reise ganz anders angehört und die selbst ernannten ‚manager' wurden ständig ratloser.
Nachdem wir nun 400 Kilometer nach Norden gefahren waren, drehten wir nach Westen ab, fanden nach wiederum etwa 70 Kilometern eine Abzweigung, eine Art Feldweg und quälten uns, weil alle der Sucherei überdrüssig waren, mit den Fahrzeugen über einen teilweise schwer passierbaren ‚trail' und fanden zu unserem Glück einen verlassenen Platz, wo früher einmal Hütten für Waldarbeiter gestanden und die uns dankenswerter Weise ein richtiges Plumpsklo hinterlassen hatten. Hier schlugen wir unser Lager auf, genau zwischen zwei Flußläufen. In alle Richtungen wurde nun ausgeschwärmt. Zum Ansitzen und insgeheim hatte jeder die Hoffnung, als erster einen Elch auf die Decke legen zu können. Das Wetter hatte sich gebessert. Tagsüber war es warm, nachts dagegen wurde es empfindlich kalt, was einen von uns veranlaßte, uns zu drohen, daß er sich erschießen wollte, denn er schlief in seinem Zelt auf nacktem Boden, einem anderen wurde es auf der Ladefläche eines der ‚Pickups' auch zu kalt, auf der er seine Schlafstatt eingerichtet hatte. Er befürchtete des Nachts unangenehmen Besuch ‚von so ekligen Viechern' und so ergaben sich ständig neue Erkenntnisse. Gekocht wurde auf offenem Feuer, denn Holz lag ausreichend herum. Zudem erhielten wir gleich nach unserer Ankunft Besuch von Indianern (heute sagt man, People of First Nation'), die um Feuerwasser bettelten und uns einiges Kopfzerbrechen bereiteten. Das waren Gestalten, die wohl nicht gerade zur Ersten Garnitur ihres Stammes gehörten. ‚Ungepflegt' wäre für ihr Erscheinungsbild nicht angebracht gewesen. Eher verdienten sie das Prädikat ‚verwahrlost'. Und im Glauben waren sie offenbar auch nicht sehr stark, denn immer wieder erschienen sie,

um nach Schnaps zu fragen, denn sie konnten sich wohl nicht vorstellen, daß wir überhaupt keine ‚bottles' dabei hätten.
Abgesehen von ein paar Waldhühnern, einer überaus dummen Spezies ‚partridge,' die erkennbar starr und vertraut geradezu darum baten, geschossen zu werden, stellte sich in den ersten Tagen kein Jagderfolg ein. Aber über dem abendlichen Feuer gegrillt und gewürzt, ließen sie uns glauben, die größten Waldläufer im Norden Ontarios zu sein.
Am dritten Tage querte vor mir, keine fünfzig Gänge entfernt, ein Wolf den Pfad. Aber bis ich die Büchse von der Schulter und in Anschlag brachte, war er im Unterholz lautlos verschwunden. Am vierten Tag schlenderte L.I. betont gelassen ins Camp und bat um einen Schnaps. Ausgerechnet er, den ich als absoluten Nichttrinker kannte! Es mußte also etwas Besonderes passiert sein. Und wirklich hatte er ein weibliches Stück Elchwild zur Strecke gebracht. Also hieß dies sofortigen Aufbruch der ganzen Machalla, vollen Einsatz eines Geländewagens und dann Aufbrechen und Zerwirken der Beute. Alle waren mit Feuereifer bei der Sache, aber es dauerte dann doch Stunden bis zum Einbruch der Dunkelheit, bis wir ein Gerüst gebaut und die ‚quarts,' die Elchviertel daran aufgehängt hatten. Jetzt gab's am Abend ständig Elchleber mit Zwiebeln gebraten und so sehr uns das auch schmeckte, irgendwann wird man der ständigen Wiederholung im Speiseplan überdrüssig. Auch die in Abständen wiederkehrenden rothäutigen Söhne der Wildnis, denen wir von den Innereien anboten, verzogen das Gesicht und lehnten es ab, unsere Gaben anzunehmen.
In den kommenden Tagen lasen wir zwar eifrig Fährten und es gab deren wirklich genug, aber einen Elchbullen bekam keiner mehr von uns in Anblick. Und so machte sich ein wenig Mißmut, ein wenig Verdruß und Langeweile breit und wir beschlossen, unser Camp aufzugeben und nach Verwahrung des Wildbrets in ein Jagdcamp zu fahren, wo man mit Sicherheit

mehr Erfolg haben werde. Also wurde alles verpackt und verschnürt und festgezurrt und dann setzten wir uns in Bewegung in Richtung Highway. Das dauerte Stunden. Genauso mühselig wie bei der Herfahrt bewegten wir uns nun aus dem ‚bush' wieder hinaus über Gesteinsbrocken, abschüssige Strecken und halb verfaulte Holzbrücken. Mehr als einmal mußte einer der ‚trucks' aus dem Schlamm geholt werden und als wir es endlich geschafft hatten, sahen die Fahrzeuge wie auch wir alle entsprechend verschlammt und verdreckt aus.

Mehr als einen halben Tag benötigten wir, um zu unserer Basis zu gelangen. Fleisch in der Kühlung versorgen und dann unter die warme Dusche – das war jetzt als besonders wichtig angesagt. Ja, der eine oder andere nahm sogar seine Klamotten mit in die Dusche. Inzwischen hatte die gute Seele des Hauses ein Gulasch aus Biberfleisch zubereitet und ich bekenne, daß dies ein Götterfraß war. Ein wenig Berichten und Erzählen vom Erlebten und natürlich ein gutes ‚Lager' rundete den Abend ab und dann schliefen wir wieder einmal in normalen Betten.

Nächsten Tages wurden wir alle zum ‚Aufsitzen' eingeladen und dann fuhren wir zu besagtem ‚Rogerson's Hunting Camp'. Das waren wieder Stunden. Inzwischen hatte ich mich ein wenig mit Bertl T. angefreundet, weil ich seinen Humor schätzte und wir auf der Ladefläche unter der Plane von Herzen blödeln konnten, während andere sich um die Sitze im Führerhaus stritten.

Heisa, das war schon was, wo wir da hinkamen. Appartements für je zwei Personen mit guten Betten, Duschen, einer Lounge, Frühstücksraum und hervorragendem Essen. Schon in der Früh die erste Frage, ob man die Eier gekocht, gebraten ‚sunny site up' oder umgewendet haben wolle. Kurzum, wir fühlten uns wie im Paradies. Nur, wir waren nicht allein. Zum selben Zeitpunkt hatte eine Gruppe von ‚French Canadians' gebucht, ausgerüstet mit einem ungeheuren Durst nach Rotwein. Aber wir hatten zunächst keine Probleme mit ihnen. Was natürlich auch dadurch gefördert wurde, daß keiner von uns Französisch sprach. Und die anderen hatten's auch nicht mit Deutsch. Aber mit Englisch kamen wir ganz gut zurecht. Viel war's nicht, was wir zu besprechen gehabt hätten

Jetzt wurden wir grundsätzlich morgens um halb sieben in die zum Haus gehörenden Wasserflugzeuge verladen, dazu die Waffen, die Tagesverpflegung und ein Hund, der im übrigen fürchterlich stank. Am ‚Smokey Lake' gewassert, wurden wir auf ein Dock ausgeladen und dann übernahm der ‚Oberjäger', Keith Anderson, das Kommando. Hier gab's keine Einzelansitze. Die ganze Bande wurde zur Drückjagd abgestellt und um die bevorzugten Plätze zu erreichen, wurden wir in Pontons mit Außenbordmotor über den See gefahren. Unser Oberjäger ermahnte uns ständig (jedoch mit mäßigem Erfolg) zur Ruhe.
„Gentlemen, be quiet, absolutely quiet!"
Das half nur in den seltensten Fällen und meist auch nicht lange. Er selber aber zischte und rumorte so laut, daß ihn wohl jedweder vierläufige Waldbewohner auf Meilen vernommen haben mußte. Und bald ging es mit dem Geschnatter weiter. Oui! Die Landschaft war sehr beeindruckend, man konnte Biber beobachten und Bisamratten. Nur mit dem vorher avisierten Schalenwild war's nichts. Endlich am dritten Tage fiel ein Schuß, dann noch einer und dann der dritte und es stellte sich heraus, daß einer der Kanadier aus Quebec ein Stück Weißwedelhirsch
a) durch einen Lauscher
b) ins Waidloch und dann noch
c) waidwund

geschossen hatte. Und natürlich wurde er von seinen Waidkameraden aufs Herzlichste beglückwünscht und dann hatten sie in irgendwelchen Gefäßen Rotwein dabei und es wurde fröhlich gezecht. Oui! Jagd vorbei! Als man dann auch noch die Behandlung des erlegten Stückes mit ansehen durfte, war es auch mit der jagdlichen Begeisterung vorbei.

Am nächsten Tag – gleiche Prozedur wie an den vergangenen Tagen – erhielt ich einen Stand ganz in der Nähe eines Teiches, der von Bibern bewohnt war. Und während sich die Corona wie immer lautstark entfernte, konnte ich diese netten Zeitgenossen bei der Arbeit und beim Dammbau beobachten. Es dauerte jedoch keine halbe Stunde, als plötzlich ein Schuß fiel. Etwa zwei Meter über mir hatte einer der Kunstschützen die Kugel in einen Ahornstamm einfahren lassen. Holz spreißelte und aus dem Einschlagsloch zog eine feine Rauchfahne davon. Na, habe die Ehre. Auf eine Fortsetzung meiner Teilnahme an dergleichen verantwortungsvoller Jagd konnte und wollte ich verzichten. Das Lustige war nur, daß nach erfolgter Befragung keiner der beteiligten Jägersleut einen Schuß abgegeben haben wollte. Aber was wollte man machen? Man war gleichsam mitgefangen. Beim letzten Heimflug aus dem ‚bush' passierte dann noch etwas nicht unbedingt Alltägliches. Man hatte die Maschine überladen und der Start aus dem Wasser mußte daher abgebrochen werden. Also, zurück zum Dock, einige Männer wurden ausgeladen und mit dem Versprechen, in einer halben Stunde wieder zurück zu sein, um den Rest einzuladen, startete der Pilot wirklich gekonnt. Ich selbst hatte mich nicht vorgedrängt und nun saßen wir – es mochten fünf oder sechs Mann sein – in der Dunkelheit und warteten. Es wurde aber keine halbe Stunde, sondern gut zwei Stunden, bis wir die zurückkehrende Maschine hörten. Nach der Wasserung ging dann alles recht schnell, einsteigen, ablegen und dann dröhnte der Motor, der bis zur Leistungsgrenze beansprucht wurde. Doch wieder wurde der Start abgebrochen. Es wurde zum Startpunkt zurückgedümpelt und dann neuer Anlauf. Diesmal klappte der Start, aber auch noch in der Dunkelheit konnte man erkennen, wie nahe wir mit den Tragflächen an Fichten vorbei rauschten.
So ging auch diese Episode ohne jagdlichen Erfolg zu Ende und am nächsten Tag beluden wir unsere Geländefahrzeuge und

fuhren zurück nach Toronto, wo wir von unseren erwartungsfrohen Gastgebern in Empfang genommen wurden. Alles, was Beine hatte, sahen wir versammelt und dann begann die Keilerei ums Fleisch, das wir bis hier her mitgebracht hatten. Dafür bedankten sich unsere Gastgeber mit einem riesigen ‚turkey,' von dem binnen Kurzen nur noch die Knochen übrig waren.

Und dann nahm mich Karl Habl auf die Seite. Er war mit seiner Frau vor wohl 25 Jahren von Rosenheim ausgewandert, hatte sich hier eine Existenz aufgebaut, besaß ein nettes Haus und - er war Jäger. Als ich ihm von unseren Abenteuern erzählte, meinte er, die ganze Unternehmung sei recht schlecht vorbereitet und mangelhaft durchgeführt worden.

„Komm wieder. Wir fahren zu meinem ‚spot' und dann werden wir auf einen Elch jagen." Und weil er nicht nur erzählen, sondern seine Schilderungen auch mit Fotografien untermauern konnte, sagte ich ihm einen Besuch gern zu.

Das ist das Lustige an den hier lebenden Immigranten. Sie sprechen eine Sprache, die aus deutschen und englischen Wörtern und Begriffen besteht und wenn man lange genug hier lebt, kann man sich diesen ‚slang' auch bald angewöhnen. Aber die Herzlichkeit der Menschen, ihre spontane Freude und eine unsagbare Gastfreundschaft überwog alle Mißhelligkeiten.

Es dauerte in der Tat zwei volle Jahre, bis ich, zusammen mit meiner Frau wieder auf dem Flughafen Toronto stand mit Waffe und Wiedersehensfreude, diesmal erheblich besser ausgerüstet und auch auf mehr Erfolg hoffend. Gastfreundschaft wurde uns entgegen gebracht, wie ich sie bei uns in heimischen Gefilden nur selten erlebt hatte. Aber das Wichtigste für unsere Gastgeber waren die Berichte über alles, was sich in „good old Germany" zutrug, wie sich alles entwickelte.

Karl hatte einen ‚pickup' organisiert, in dem wir während der langen Fahrt nach Norden eigentlich auch übernachten wollten, dann dies aber gern bleiben ließen, zumal die Nächte im Herbst schon ziemlich kalt waren und es angeraten erschien, in einem wohlgeheizten Motel zu schlafen. Entlang der Seenplatte fuhren wir durch den zauberhaften Indian Summer. Das Laub hatte sich verfärbt – es war traumhaft. Obwohl wir nur mit etwa 80 Stundenkilometern fahren durften, kamen wir gut voran und nach zwei Tagen Fahrt erreichten wir Ignace, eine kleine Ansiedlung hoch oben in Ontario, wo es eine kurze aber um so herzlichere Begrüßung gab. Schließlich wartete ein Wasserflugzeug schon auf uns, das uns nach dem Einladen aller unserer Habseligkeiten in einem 1½-stündigen Flug zu unserem Bestimmungsort brachte. Für die nächsten zwei Wochen sollten wir in einer ‚cabin' wohnen, einer einfachen Holzhütte direkt am Hiltop Lake. Bevor unser Pilot den Rückflug antrat, vereinbarten wir noch, daß er uns in etwa einer Woche überfliegen wolle. Wenn wir etwas benötigten, sollten wir ein rotes Etwas aufs Dock legen, dann könne er wassern und wir könnten dann Verbindung aufnehmen. Handys gab es zu diesem Zeitpunkt noch nicht und sonstige Möglichkeiten, zu funken, auch nicht. Wir waren also für längere Zeit völlig auf uns angewiesen.

Nun wurde das Mitgebrachte verstaut, Holz geschlagen, der Ofen angeheizt und alles so weit hergerichtet, daß es uns für die Zeit unseres Aufenthalts an nichts fehlte. Karl kannte die Umgebung von früheren Aufenthalten her und schon binnen kurzen waren wir draußen, suchten nach erfolgversprechenden Plätzen für den Ansitz. Überall im Flachwasser hatten wir Trittsiegel gespürt, die zweifelsfrei von starken Elchen stammten. Die Hoffnung stieg. Auch hier mußten wir auf den Wegen zum Ansitz ein Boot mit Außenbordmotor zu Hilfe nehmen. Das Wetter war in den ersten Tagen recht warm und sonnig. Hatte dann der Karl den Anlandeplatz wieder verlassen, kehrte absolute Stille ein, die man förmlich hören konnte. Ich weiß – ein Widerspruch, aber wahr. Und da waren Elche! Manchmal hörte man's im Wald laut knacken, aber die Frage war, ob sich der Ersehnte auf einen zubewegte. Bekanntlich ‚marschieren' Elche, sind sie einmal in Bewegung, ziemlich geradeaus. Wölfe, die wir auch spürten, bewegen sich viel leiser und schlauer. Zuweilen ließen sie ihr Heulen hören, aber stets in gehörigem Abstand. Wenn dann nach Stunden das Brummen eines Bootsmotors hörbar wurde, bedurfte es keiner großen Verständigung. Man wußte, daß man abgeholt werden würde.

Abends saßen wir dann im warmen Blockhaus, bereiteten das Essen für uns drei und dann wurde es meist lustig. Geschichten wurden erzählt und es wurde viel gelacht.

Eines Tages, das Wetter hatte umgeschlagen und es regnete stark, saßen wir gerade beim Essen, als meine Frau bei einem Blick aus dem leicht angelaufenen Fenster über den See etwas erkannte, was vordem noch nicht da gewesen war. Ein Kanu! Zwei Personen paddelten auf unsere Hütte zu. Wir nahmen unsere Gewehre unter den Arm und traten hinaus. Es waren zwei Indianer, Bruder und Schwester. Auf unsere Fragen antworteten sie ziemlich einsilbig, daß sie ihre Biberfallen kontrollieren wollten. Kaffee gefällig? O yeah! Wollt ihr etwas zu Essen? No! „Habt ihr Elche gesehen?" Yeah! Und wo? Da draußen! Und sie deuteten mit dem Daumen in die Richtung, aus der sie gekommen waren. Unfreundlich waren sie nicht, aber redselig auch nicht unbedingt. Als sie ihren Kaffee geschlürft hatten, nahmen sie ihr Kanu, brachten es wieder zu Wasser, winkten kurz und dann waren sie auch bald unseren Blicken entschwunden. Nachgehen, auch nur für ein kurzes Stück, sollten wir besser nicht, meinte der Karl. Da seien sie sehr eigen.

Dann kam die Nacht, in der es für uns drei beinahe brenzlig geworden wäre. Unser ständig mit frisch geschlagenem Holz bestückter Ofen, der in Wirklichkeit nichts anderes war, als eine

Öltonne, die man auf Sand aufgestellt hatte, ein Abzugsrohr drauf, ja, das war's, war durchgesackt und hatte seine hölzerne Umgebung angekokelt. Aber er spendete Wärme. Wenn da nicht die Gefahr bestanden hätte, daß der Sand darunter anfing, zu schmelzen und die Hitze auf die Bodenbretter wirken konnte. Und dieses passierte! Meine Frau wachte mitten in der Nacht von Brandgeruch auf und weckte uns zwei Mannsbilder. So schnell waren wir noch nie aus unseren Lagerstätten gekommen. Gottlob war der See nicht weit und so rannten wir um die Wette, jeder mit einem Eimer und das Wasser schütteten wir ohne Rücksicht auf den Wasserstand in der Hütte oder sonstige Verluste in die Glut. Das Feuer war schnell gelöscht. Aber die seitlichen Bohlen hatten auch schon angefangen, zu glimmen. Jetzt mußten wir die Wände von innen und außen mit Wasser beschütten. Und das dauerte seine Zeit, bis auch das letzte Glimmen im Holz beseitigt war.

Der Ofen wurde in aller Frühe wieder instand gesetzt und zum Frühstück konnten wir schon wieder Kaffeewasser kochen. Nur halt ein wenig feucht war's noch in der Cabin.

Hans und ich saßen nun täglich für viele Stunden an, zumal sich neue Trittsiegel gezeigt hatten, die uns die Anwesenheit von Elchen bestätigten. Immer wieder nahmen wir das Boot zu Hilfe und zuweilen warf ich bei langsamer Fahrt mehr oder minder gelangweilt einen Spinner aus. An einigen Tagen konnte ich recht ordentliche Hechte, sogenannte „arctic pikes", fangen, die unsere Speisekarte sehr bereicherten. Was dann aber eines Tages an die Angel ging, wollte ich nicht unbedingt in unseren Mägen langen lassen. Es war ein Fisch, eben dieser Spezies, von mehr als sieben Pfund. Der Bursche hatte es sich nicht nehmen lassen, mich in den Finger zu beißen, als ich ihn ohne Gaff oder Netz ins Boot hievte. Er fristete seine letzten Tage in einem Drahtgestell im See, aus dem er nicht entweichen konnte. Später wurde er in Winnipeg präpariert und heute, nach so vielen

Jahren, ziert er als Trophäe die Jagastub'n.

Wieder waren wir einen langen Tag im ‚bush' gewesen. Meine Frau klagte an diesem Tag über Kopfschmerzen und blieb in der ‚cabin'. Als wir nun unabhängig von einander gegen Abend wieder zurück kamen, berichtete sie ziemlich aufgeregt, daß ein Wolf wohl recht nahebei gebellt habe. So habe sie auf dem notwendigen Weg zum etwa fünfzig Meter weit entfernten ‚Häuserl' eine große Axt mitgenommen, um wenigstens eine Waffe bei sich zu haben, falls der Isegrim es mit ihr aufnehmen wollte. An diesem Abend hatten wir ausreichenden Gesprächsstoff. Ganz sicher hätte sie keinen Angriff befürchten müssen. Aber allein die Vorstellung, daß meine Frau die Axt schwingend durch den ‚bush' zog, ließ uns dann doch gemeinsam von Herzen lachen.

Wieder hatten wir sonniges Wetter bekommen, aber unser Pilot hatte uns offensichtlich vergessen. Inzwischen waren die Zigaretten ausgegangen und ein paar andere Dinge auch. Zwar hörten wir irgendwann einen Flugzeugmotor, aber bei uns wassern wollte er wohl nicht. Danach stellte sich heraus, daß der Pilot zwar auf uns herunter geschaut hatte, den ausgelegten roten Anorak meiner Frau aber angeblich nicht gesehen hatte und der Meinung war, bei uns sei alles in bester Ordnung.

Das Wetter verschlechterte sich nun zusehends, es wurde kälter und jetzt wechselte Regen mit Schneeschauern. Ich saß, wie immer, an meinem Platz, ganz einfach, weil ich mir einbildete, hier und nirgends anders Erfolg haben zu müssen. Es war an einem Vormittag, als sich die Ereignisse überstürzten. Ich hatte nicht auf verräterisches Knacken im Wald geachtet, hatte so eine Art Halbschlaf gehalten, als urplötzlich auf etwa achtzig Gänge ein Elchbulle nahe beim Wasser einwechselte. Er stand spitz, so daß ich seine Schaufel sofort gut ansprechen konnte. Ja, das war er! Ich mußte warten, denn der Bulle blieb für lange, lange Zeit unbeweglich. Mir kam es vor, als seien Stunden ver-

gangen, bis er sich ein wenig bewegte und mir die Seite zeigte. Dann brach der Schuß aus meiner Weatherby 300. Der Bulle brach sofort mit den Vorderläufen ein, wollte aber sichtbar wieder hochwerden, stöhnte kurz – da ließ ich die zweite Kugel aus dem Lauf, die dann ganze Arbeit leistete. Halb lag der Elch im Wasser und heraußen war das ‚swamp', wie die Kanadier das nennen – Sumpfgebiet. Durch das stocherte ich hindurch, bis ich endlich, aufgewühlt und fast benommen, vor dem Bullen stand, den Hut zog und vor ihm, dem Ersehnten, verweilte. Eigentlich war ich in diesen Minuten froh, daß ich allein war. Ich wußte, was nun kommen würde.
Und da hörte ich schon den Motor des Bootes und Karl, der die Schüsse richtig gedeutet hatte, lief schon zielstrebig auf mich zu, denn er wußte ja, wo er mich abgesetzt hatte.
„Willst jetzt, daß ich dir Waidmannsheil wünsche oder soll ich ‚good shot' zu dir sagen," fragte er und grinste übers ganze Gesicht. Mir war die Wortspalterei völlig gleichgültig. Wir reichten uns die Hand und es ging an die fachmännische Beurteilung des Erlegten. Dann schlug er vor, zum einen Werkzeug und Flaschenzug in der Hütte zu holen und dann wäre es ja wohl angebracht, meine Frau auch mitzubringen. Das hieß nun für mich, nochmals zu warten und tun konnte ich auch sonst nichts, denn bevor es hier an die Arbeit gehen konnte, mußte der Elch aus dem Wasser gezogen werden und das war für einen einzelnen Mann unmöglich. Scheibenhonig! Jetzt merkte ich, wie sehr mir eine Zigarette fehlte. Also fing ich an, von der Notverpflegung zu essen, die wir ständig bei uns hatten – ein halbes Pfund Rosinen. Damit, so hatten alte Trapper uns gesagt, könne man für zwei Wochen im ‚bush' überleben. Und jetzt würde ich keine Notration mehr benötigen. Der Elch, das Ziel meines Strebens und des Einsatzes, lag vor mir. Wenngleich seine Erlegung nicht sehr ruhmreich gewesen war. Das hatte sich so ergeben - er war ohne mein Zutun in meine Richtung getrottet.

Karl und Edith ließen nicht lange auf sich warten. Meine Frau umarmte mich und war ebenso glücklich, daß alles so gut gelaufen war. Und dann begann die Arbeit! Ein Flaschenzug wurde an einer starken Hemlock-Fichte befestigt und wir drei zogen nun wie die Wilden, um zunächst den Bullen aus dem Wasser heraus zu bekommen. Dabei verhakten sich seine Schaufeln immer wieder im weichen Boden und Pflanzen. Zurück! Hindernisse beseitigen und wieder ziehen. Karl war in seinem Element. Aufbrechen nennt man's bei uns daheim. Hier war ‚Metzgerei' angesagt. Gerade noch konnte ich den Begleiter davon abhalten, dem Elch die Schaufel mit dem Beil abzuhacken. Also nahm er die Säge, seine Blicke aber wurden unfreundlich. Sollte doch das verfluchte ‚green-horn' ruhig sein. Das Zerteilen des gewaltigen Wildkörpers in sogenannte ‚quarts,' also Viertel, war brutalste Arbeit.

Über Land waren die Fleischmassen zur Hütte nicht zu transportieren. Das hätte zu lange gedauert und wäre auch zu mühsam gewesen. Also mußte jedes Teil per Boot, immer schön am Ufer entlang, etwa zwei Kilometer von jeweils zwei Mann gebracht, dort ausgeladen und an einem Seil an einem starken Baum aufgehängt werden. Hau ruck! Danach ging's wieder zurück. So schufteten wir bis zum späten Nachmittag und als endlich das Haupt und die vier ‚quarts' versorgt waren, waren wir zu erschöpft, um uns noch ein halbwegs vernünftiges Abendessen herzurichten. Das folgte dann alles am nächsten Tag, der uns aber mit einer anderen Neuigkeit erwartete. Wir hatten alle drei etwas länger in unseren Schlafsäcken geschlafen. Als wir dann die Türe öffnen wollten, ging sie auf Anhieb nicht auf. Über Nacht hatte es einen halben Meter geschneit. Außer einem Kontrollgang um die Hütte war keiner von uns dazu bereit, die warme Hütte zu verlassen und wir gaben uns einem infernalischen Frühstück hin. Da gab es dann gebratene Eier mit Speck, Elch-Filet mit Zwiebeln und Kartoffeln und dann packte Karl noch eine Flasche Whiskey, die er bisher verborgen gehalten hatte, aus. Als gegen Mittag die Sonne durch die Wolken brach, waren wir natürlich vor der Hütte und meine Frau zeigte uns, wie sehr sie sich mit ihrem neuen Freund verstand. Es war der Whiskey-Jack, eine nordamerikanische Häherart, die, ständig hungrig, so weit zu bringen ist, daß sie angebotene Speisereste oder Nüsse aus der Hand nimmt. Karl ließ nun auch in seinen Bemühungen nach, noch einen Elch zu erlegen, denn es war ausgemacht, daß das Wildbret zur Gänze ihm gehören sollte, während die Schaufel mir gehörte. Das war an sich eine vernünftige Lösung, denn was hätten wir zwei, meine Frau und ich, mit den Fleischmassen anfangen sollen.

Zwei Tage sollten uns noch gegönnt sein in unserer ‚cabin', die wir nun auch entsprechend faul verbringen wollten. Eine Wolfsspur hatten wir noch ausgemacht und ich ging ihr nach. Die Tritte waren frisch und es schien, als ob der Räuber ganz kurz vor mir herlief. Dabei hatte ich den Eindruck, daß der Bursche mich wohl sah oder witterte, sich selbst aber keine Blöße gab. Meine Bemühungen wurden aber abrupt beendet! Ein Wasserflugzeug brummte über mich hinweg und ich wußte sofort, daß dieser Besuch uns galt. Also zurück zur Hütte. Und das war auch gut ein Kilometer. Als ich keuchend ankam, hatte Karl und der Pilot schon mit dem Festbinden der Elchteile auf den Schwimmern begonnen, meine Frau packte auch schon alles zusammen, was wir wieder mit zurücknehmen mußten, sie löschte das Feuer im ‚Ofen' und nachdem ich nun auch da war, erfuhr ich, daß alle Seen im Umkreis – mit Ausnahme des unsrigen – über Nacht zugefroren waren und daß es höchste Zeit war, die Zelte abzubrechen. Wenn auch unseren See einmal Eis bedeckte, war an ein Ausfliegen nicht mehr zu denken. Also, hurry up!

Etwas Wehmut kam schon auf, als wir aus dem Flugzeug auf unsere Bleibe der letzten zwei Wochen herunter schauten. Es war ein guter Flug zurück nach Ignace, nur das mit der Kälte

mußte der Pilot falsch verstanden haben, denn er drehte die Heizung voll auf. Oder ließ sie sich überhaupt nicht abstellen?
Der Winter hatte seinen Einzug gehalten. Überall hatte es geschneit und alle Gewässer waren vereist. So war das doch eine fliegerische Meisterleistung, wie unser Pilot die Maschine in eine ganz kleine eisfreie Stelle eintauchen ließ und in den kleinen Hafen manövrierte. Dann wurde ausgeladen und bei dieser Gelegenheit wurde uns bewußt, daß die Temperatur bei minus 25 Grad lag. Und während wir alles ausgeladen hatten, waren die Schwimmer schon wieder eingefroren.
„Last flight this year," brüllte Bob, dem die ganze ‚Airline' gehörte, und lud uns zu einem Umtrunk in sein Büro ein.
Wie ich den Schädel des Elches nach Hause gebracht habe? Das erzähle ich ein anderes Mal. Oder auch nicht. Auf jeden Fall kam er wohlbehalten an.

Auf den Feisthirsch im Hochgebirge

Wenn ich denn sagen würde, daß mich das Rotwild nicht mag, könnte mir einer erwidern, daß ich nicht richtig im Kopfe wäre. Und er hätte sogar recht. Denn wer mag schon den, der ihm ans Leben will. Wenn es sich dazu noch um Einen handelt, der trotz sichtbaren Zurücksetzens noch immer nicht davon lassen kann, sich jagerisch zu betätigen, dann könnte man diese Einstellung wohlwollend verstehen. Also, sagen wir lieber, daß ich über viele Jahre hinweg mit der Jagd aufs Rotwild nicht sonderlich von Glück, Waidmannsheil und der Gunst des Jagdheiligen begünstigt war. Einmal stand das zu erlegende Wild zu weit entfernt, als daß man einen verantwortbaren Schuß wagen könnte, dann waren es Umstände, die ich selbst zu verantworten hatte und zuweilen umgaben mich Gnome, Kobolde und sonstige der Jagd abholde Wesen, die einen jagdlichen Erfolg immer wieder zu vereiteln wußten. Und da kann mir keiner sagen, daß es solche unsichtbaren Wesen nicht gäbe.

In diesem Herbst nun sollte der Erfolg gezwungen werden, sei es, wie es wolle. Der Berufsjäger, der mich führen sollte, war mir seit geraumer Zeit bekannt. Bei unserem ersten Zusammentreffen maß er mich von oben bis unten (ich hab's genau gesehen!) und meinte dann, daß es mit den Läufen bei mir auch nicht mehr zu weit her sei. Aber er wolle mir einen Erfolg auf einen Gerechten garantieren, wenn ich denn mit der Büchse besser umgehen könne als mit meinen eigenen Läufen. Und das wiederum wollte ich nicht verneinen, obwohl ich erst in den letzten Monaten eine nicht leichte Wirbelsäulen-Operation hinter mir hatte.

Es war Ende August. Die Jagdzeit für Rotwild war eröffnet, ebenso jene für Gams und beim Rehwild ging es nach langer Brunft leidlich zu Ende, zumal der Großfrauentag vorüber und auch mit dem Fiepen nichts mehr gewonnen war. Da mochten noch Ausnahmen gelten, aber die waren rar. Einen Feisthirsch wollte und sollte ich erlegen, einen aus der „Klasse IIB", wie man dies heutzutage einzuteilen weiß. Der versierte Hirschjäger wird sofort verstehen, um was es ging: Mittelklasse, kein guter Vererber, kurz einer, der geschossen werden sollte. Und von denen gab es im Revier zwei Vertreter, deren Abwürfe vom vergangenen Jahr vorgelegt wurden. Einer mehr knuffelig, eisendig, jedoch mit einseitiger Dreierkrone. Na ja. Da gefiel mir der andere schon besser mit seiner beidseitigen Krone und beachtlicher Stangenlänge. Ja, wenn ich denn diesen erlegen könne..........

„Dann miaß ma auf d' Wildalm nauf, wenn Dir der besser g'fallt. Da drobn steht er und ziagt hinter am Achtzehnender her. No ja."

Es war an einem Donnerstag, als ich nachmittags im Forsthaus ankam, beladen mit Kuchen und Torte. Bei warmem Wetter vor dem Haus sitzend, nahmen der Jäger und ich Witterung von einander auf. Schließlich muß man ja, und sei's auch nur oberflächlich, wissen, mit wem man's zu tun hat. Dabei stellte sich im Gespräch heraus, daß wir eine ganze Anzahl gemeinsamer Bekannter hatten. Was dabei weniger erfreulich war, war der starke Abgang. Viele der Förster, Berufsjäger und Hundemänner waren schon von uns gegangen und mochten sich jetzt in besseren Revieren aufhalten, bei Gams, Hirschen und Murmeltieren. St. Hubertus seien sie alle anempfohlen, denn jeder von ihnen war ein Unikat, eine Persönlichkeit mit Haken und Ösen. Oftmals machte sich bei dem einen oder anderen eine gewisse Altersstarrheit bemerkbar, die aber oft mit ein wenig Einfühlungsvermögen und gutem Zuspruch zu minimieren war. Allen aber war das ihnen anvertraute Wild das Wichtigste und Gemeinsame. Und es konnte passieren, wenn man denn fragte, wie es mit einem Gams in diesem Jahr ausschaue, daß sich der so Angesprochene hinter den Ohren kratz-

te und herumdrückte, wenn's ihm nicht so in den Kram passte: ‚Wer seine Wuidling mog, der hod koane.'
Damit war dann alles klar.
Gegen die fünfte Nachmittagsstunde brachen wir auf. Mit dem Geländewagen zunächst und ab der in spätsommerlichen Abendglanz liegenden Fütterung weiter mit einem geradezu wahnsinnigen Gefährt kanadischer Herkunft, teilweise steil bergauf, durch Rinnen und Furchen, über Wurzelstöcke und morsches Holz. Dabei saßen wir hintereinander wie die Jäger weiland in den großen Herrschaftsjagden in Ungarn, wo man diese pferdebespannten Gefährte als ‚Wurstwagen' bezeichnete. Mir selbst kam alles ein wenig wie Hämorrhoiden-Schaukel vor, aber andererseits sagte ich mir, daß ‚schlecht gefahren' besser denn ‚gut gestiegen' sei. Für diesen Aufstieg hätte ich mit Sicherheit fünf Stunden benötigt, wenn nicht mehr. Wir waren auf 1.900 m.
Das Gefährt wurde in einer Dickung versteckt und nach einem relativ kurzen Anstieg erreichten wir ein überdachtes Bodensitzerl, in dem wir zu zweit Platz fanden. Büchse laden, sichern war das Nächste und dann hieß es warten.
Nicht viel Zeit war vergangen, als sich am Almboden rechts oben auf einmal drei junge Hirsche zeigten. Man weiß, wie sich das Wild in der Feistzeit verhält – spät heraus, äsen, was in den Pansen hineingeht und früh wieder in die Einstände. Bei den Dreien indessen war nicht klar erkennbar, was sie vorhatten. Für eine längere Zeitspanne äugten sie in unsere Richtung und wir waren nicht sicher, ob sie uns nicht eräugt oder Wind von uns bekommen hatten. Aber der Wind stand gut, was an den Bergahornblättern vor unserem Sitz gut zu erkennen war. Dann wurde noch etwas Äsung aufgenommen, bis sich die jungen Herren wieder zurück zogen. Stille umher. Aber dann trat jene Eigentümlichkeit zutage, die mit der Stellung der Sonne zusammenhängt, daß sich langsam

und allmählich die vor uns liegende Szenerie veränderte. Und wüßte man nicht vom angestrengten Schauen davor, daß es sich um einen Wurzelstock handelte, den man im Fernglas hatte, man könnte dieses dunkle Etwas jetzt beim nachlassenden Tageslicht für alles mögliche anschauen. Da können aus den einfachsten Sachen plötzlich Wildkörper werden und weiß der Himmel was sonst noch.
Plötzlich zuckte ich zusammen! Links oben am Waldrand bewegte sich etwas. Wir hatten es im gleichen Augenblick gesehen. Und da schob sich ein Stangenwald auf den Almboden heraus. Obwohl mir dieser Anblick schier den Atem nahm, begann ich, zu zählen.
„Ungerader Achtzehnender, hab' i recht?"
„Genau, aber des is koana für Di. Den laß ma noch in Ruah. Der is vom achten Kopf."
Ich hätte ihn älter geschätzt, aber der Jäger mußte es schließlich wissen, denn, wie ich mutmaßte, kannte er den Hirschen seit dessen Kindheit, hatte ihn Jahr für Jahr an der Fütterung gesehen, hatte seine Abwürfe gefunden. Aber vom achten Kopf und dann diese starken Stangen, diese Endenfreudigkeit und diese Auslage! Ich war ziemlich beeindruckt, um nicht zu sagen, aufgewühlt.
Das Tageslicht schwand zusehens. Ein Grund, unseren Sitz zu verlassen und mit dem Knatterkasten ins Tal zurückzufahren. Ich übernachtete im nahen Gasthof, weil der Weg in den eigenen Kreister doch zu weit war und zudem hatten wir vereinbart, uns am nächsten Nachmittag zu treffen, um noch einmal anzusitzen. Aber bevor wir uns trennten, hieß der Jäger mich warten, verschwand in einem Nebenraum und brachte mir wenig später die Abwurfstangen des vor kurzem geschauten Hirschen. Und nachdem ich sie in Händen gehalten hatte, wuchs die Befürchtung, daß ich in der folgenden Nacht einigermaßen gut und ruhig würde schlafen können.

Der Aufenthalt im Gasthaus gestaltete sich am Abend recht unterhaltsam, zumal ein ganzer Tisch voller Holzknechte und sonstiger ‚Holzwürmer' für rechte Stimmung sorgte und ich da-

bei bei genauem Hinhören so manches erfuhr, was mir sonst verborgen geblieben wäre.

Aber das gehört nicht hierher und so wollen wir's vergessen.

Den nächsten Tag, durchflutet von herbstlicher Sonne und wolkenlosem Himmel, vertrödelte ich gewaltig. Ein wenig im Revier umzuschauen war mir erlaubt, ein paar Latschen zu brokken ebenfalls, denn in der heimischen Stub'n hatte ich sie gern und auch auf den Duft von Harz mochte ich nicht verzichten. Der Wirt meiner Bleibe riet mir mittags zu einem „Beuscherl". Es schmeckte herrlich. Und im Wirtsgarten mit den Schatten spendenden Kastanien ließ sich's aushalten. Aber dann wurde es doch Zeit, ans Aufbrechen zu denken und wenig später fuhr mein Pirschführer mit dem Geländewagen daher. Nein, trinken wolle er nichts mehr. Es sei Zeit, ins Revier zu kommen. Und so vollzog sich die Anfahrt und der verhältnismäßig kurze Anmarsch zum Sitz wie schon am Vortag gehabt. Alles wurde hergerichtet, die Büchse geladen und gesichert und dann umfing uns nichts als Ruhe.

Man muß einem firmen Jäger nicht ausführlich erklären, wie man schießt und wie die Dinge in dieser Phase ablaufen, es sei denn, man sei mit der Grausamkeit des ‚Hirschfiebers' behaftet, jenem Zustand von Aufregung und Nervenflattern, der ein vernünftiges Schießen nicht mehr zuläßt. Das aber, was jetzt in der wirklich hörbaren Stille um uns herum passierte, möchte ich festhalten, weil ich mir vorkam, wie in einer Oper, deren Kulisse in diesem Fall der Almboden war und deren Akteure mir in unvergleichlicher Schönheit auf die Bühne geschickt wurden.

Es mochte um die fünfte Stunde sein, als sich auf etwa zwanzig Gänge rechts unten ein Stuck zeigte, sehr vorsichtig und vor dem Heraustreten aus dem deckenden Bestand ständig sichernd. Aber es konnte uns nicht im Wind haben und zog deshalb, wechselnd zwischen Äsen und Aufwerfen, völlig vertraut auf die Almfläche. In diesem Augenblick, da ich dem Stuck mit dem Glas folgte, entdeckte ich plötzlich eine Gamsgais mit Kitz. Sie mochten das Stuck schon lange wahrgenommen haben, blieben aber völlig ruhig, als wenn dies die normalste Begegnung wäre. Ja, und plötzlich standen oben, weit oben heute, die drei jugendlichen Hirscherln vom Vortag am Waldrand. Bei ihnen schien das Äsen in Spielerei ausgeartet

zu sein. Obwohl kein Laut zu hören war, umgaben sie sich mit einer Art von jugendlichem Frohsinn und gegenseitigem Anrempeln, daß einem schier das Lachen auskam.

In diesem Moment stieß mich der Jäger in die Seite. Direkt vor uns, es mochten achtzig Gänge sein, hatte sich ein Gamsbock aus den Fichten herausgeschoben. Der, den ich jetzt da im Glas hatte, stand wirklich im wahrsten Sinne des Wortes in der Feist. Dazu hatte der Bursche einen Kopfschmuck auf, gut gehakelt mit weiter Auslage. Das war einer mit mehr als hundert Punkten, wenn man schon bei der Beschreibung eines wirklich außergewöhnlichen Gamsbockes auf eine solch vermaledeite Buchhalterweisheit angewiesen ist. Mehr als hundert Punkte! Was sagt's schon? Aber das ist heutzutage üblich geworden, alles in Zahlen, Rubriken und Tabellen zu zwängen. Da kann man mit den schönsten Erlebnissen und Eindrücken vom

Wilde Himbeere

Berg zurückkommen und schon wird man gefragt: „Wieviel Punkte hat er denn?" Dabei hatte man noch gar keine Möglichkeit, zu vermessen und zu bewerten. Wohl hatte man zwischen Stangen oder Krikkeln fassen oder den Zahnabschliff fühlen können. Aber Punkte? Nur einer, Berufsjäger und Freund, dem nach meiner Auffassung der Titel eines Wildmeisters aus unerfindlichen Gründen verweigert wurde, wußte

anders zu fragen. „Wie war's? Erzähl!" Und dann durfte es aus einem heraussprudeln. Es wurde nachgefragt und selber erlebte man erneut. Aber bleiben wir beim Gamsbock. Ein herrlicher Anblick. Fast schläfrig wirkte er und man sah, daß er hier heroben keinen Hunger gelitten hatte. Der hatte sich den Pansen vollgeschlagen, wohl wissend, daß der Tisch nicht mehr allzu lang gedeckt sein würde. Da hieß es schon, Feist anzusetzen!
Langsam ließ ich das Glas nach links hinüberschwenken und da sah ich den ungeraden Achtzehnender vom Vortag, der im

Schatten höherer Fichten herausgezogen war und in seinem Gefolge... der Kronenzehner.

„Des is dei Hirsch," flüsterte der Jäger. „Schiaß eam!"

Das mochten hundertdreißig Meter sein. Die Büchse wandert langsam auf die Unterlage. Entsichern! Mit dem Fadenkreuz das Ziel suchen. Jetzt alles überlegt tun.

Den Kolben einziehen. Einstechen. Aber der Hirsch steht nicht ruhig. Ständig bewegt er sich, dreht sich, wendet sich, als ob er wieder einziehen wollte. Mei, bleib halt amol ruhig stehn! Und als ob die Gedanken hinübergeflogen wären, tut er mir wirklich den Gefallen. Jetzt steht er breit. Rumms! Die Kugel ist aus dem Lauf. Den Hirschen reißt's zusammen. So viel kann ich sehen,

aber ich bin vom Mündungsfeuer geblendet und als ich dann wirklich wieder hinaufschauen kann zu dem Platz, wo der Anschuß sein müßte, wünscht der Pirschführer ‚Waidmannsheil'!

„Der kimmt nimma weit." Und jetzt wird mir bewußt, daß dies der Höhepunkt der ‚Oper' war, die hier heroben für mich inszeniert worden war. Die Szene ist leer. Der Schlußakkord war laut, unüberhörbar, aber er konnte nichts vom Erlebten dieses Jagdtages mitnehmen.

Es war einer vom achten Kopf, wie man ihn nicht alle Tage erlegen darf. Die Stangen ein wenig zerschunden, so, als hätte er Steinschlag erlebt oder Kampfspuren erhalten.

Halt ein richtiger Berghirsch.

Wir fanden ihn bald. Zum Glück, denn langsam begann es zu dunkeln und die rote Arbeit mußte auch noch gemacht werden. Und zur Wildkammer mußte er auch noch geliefert werden und eine kleine Hirschfeier sollte es auch noch sein.

Als wir in der Gastwirtschaft saßen und uns Essen und Trinken schmecken ließen, besprachen wir noch einmal den Tagesablauf und das Erlebte. Alles war gut gegangen, der Schuß saß perfekt, es hatte keiner Nachsuche bedurft, was in solchen Fällen mit das Wichtigste ist und es gab einen überglücklichen Schützen. Eigenartig! Zu sehr später Stunde fuhr ich, nachdem mir der Pirschführer versprochen hatte, den Schädel bis zum übernächsten Tag ausgekocht und fertig gemacht zu haben, auf bekanntem Weg in den heimatlichen Einstand. Die Meinen erkannten sofort (an meinem Gesichtsausdruck und natürlich am Schützenbruch), daß ich Erfolg gehabt hatte und es wurde dann noch ein feuchtfröhlicher Abend mit Erzählen und Nachfragen. Auch vergaß ich nicht, zu berichten, daß justament in dieser Nacht rechts und links von der Straße, gleichsam als wollten sie Spalier bilden, wenig gerechnet zwanzig Füchse standen, angestrahlt vom Scheinwerfer und das Licht reflektierend mit ihren gelben Sehern.

Natürlich holte ich das Geweih keine Stunde zu spät ab. Wir haben es dann im Garten drapiert und ich holte die beste Flasche Rotwein, die der Keller hergab, einen unvergleichlichen „Rioja", entzündete zwei Fackeln rechts und links vom Geweih und wir feierten noch ein paar nächtliche Stunden still, so, wie ich es liebsten mag.

Eins aber muß ich noch anfügen. Im Jahre darauf kam ich in gleicher Absicht, nämlich einen Hirschen zu strecken. Diesmal ging's weniger schnell. Tagelange Ansitze in Bodensitzerln, auf normalen Kanzeln auf Hochsitzen, die nur über schwindelerregende Leitern zu erreichen waren. Und dann kam entweder nichts in Anblick oder ein Spießerl vom ersten Kopf. Und bald

dachte ich wieder an die unzähligen Mühen vergangener Jahre und daß da Kobolde und Hexen ihre Hand im Spiele hätten. Doch dann änderte sich alles mit einem Schlag. Allerdings war's schon etwas später im Jahr und vereinzelt hatte die Brunft begonnen. Wir saßen in einer gut in die Fichten hinein gebauten Kanzel und harrten der Dinge, die da kommen sollten. Plötzlich begann, etwa fünfzig Meter entfernt, jedoch nicht zu sehen, ein Hirsch mit einer Stimme, die durch Mark und Bein ging, zu schreien. Fragender Blick zum Pirschführer.
„I geh earm oh. Bleib hocka." Und schon war er lautlos verschwunden. Nach wenigen Minuten kehrte er lautlos zurück.
„Is's oahna?" flüsterte ich. „Ja, fuchzeah Dausend." Er meinte Mark.
Ich habe aber am nächsten Tag einen Eissprossenzehner erlegt. Und der hat „koane fuchzeah Dausend" gekostet.

Endlich das „eigene" Revier

Unverhofft kommt – nein, nicht oft, aber zuweilen unerwartet, plötzlich und nicht voraus zu sehen. So auch gegen Ende der siebziger Jahre, als ich einer freundschaftlichen Empfehlung folgte und in Niederösterreich, nahe der steirischen Landesgrenze zu unverhofften und glücklichen Jägerjahren kommen sollte. Mein oberförsterlicher Freund hatte Kontakte angeknüpft, mich dabei wohl als halbwegs vernünftigen Zeitgenossen geschildert und als das „placet" kam, mir die Aufforderung wissen lassen, mich in dieses idyllische und abgelegene Gejaid zu begeben, um mich vorzustellen und die Einzelheiten auszuhandeln. Da-

bei stellte sich sehr bald heraus, daß sich die Absprachen so einfach gestalten würden, nämlich: „Komm, wann Du willst, erfülle den Abschuß beim Rehwild, schieß pro Jahr einen Mufflon, kümmere Dich ums Kurzhalten des Raubwildes und lass im übrigen jene zwei Gams unbeschossen, die uns seit Jahren die Ehre geben und deren Anblick uns alle glücklich macht." Man möchte meinen, daß die Voraussetzungen in ihrer schier

„maghrebinischen" Einfachheit für meine Begriffe nicht besser sein konnten – und so war es denn auch.
Zum Anwesen, zum Besitz des Jagdherren gehörten seinerzeit ein profitables Sägewerk, eine gern von Wiener Wochenendurlaubern, meist älterer Bauart, besuchte Fremdenpension mit einer ausgezeichneten Küche und riesiger Liegewiese sowie noch das Eine oder Andere, das hier nicht aufgeführt werden muß.
Nicht weit und leicht zu erreichen war der Wallfahrtsort Maria Zell, wo es auch ein gut sortiertes Waffengeschäft für gelegentliche Einkäufe gab und über allem thronte der Ötscher in seiner Schönheit.
Es war ein traumhaftes Revier, dessen Ausdehnung bei ziemlich einhundertfünfundzwanzig Hektar maß, zwar von einer Bundesstraße geteilt und das es fürs Erste einmal zu erkunden

DIE KO-
BICHLALM,
LINKS DER STADL,
RECHTS DAS JAGD-
HÜTTERL – ZUM VERLIEBEN!

galt. Man kann getrost sagen, daß der Waldanteil bei hundert Prozent lag und die Holznutzung erkennbar war. Da war nicht viel gefemelt oder geplentert worden. Hier gab es auch einige große Flächen des Kahlschlages. So zog es mich zunächst einmal auf die ‚Alm' hinauf, die noch dazu den Vorteil bot, hier in einer traumhaft schönen, geschindelten Jagdhütte nächtigen zu können, wenn das Haupthaus mit Wochenend-Gästen belegt war und die sich regelrecht bei mir einschmeichelte, als ich bei meinem ersten Reviergang – geladen und gesichert – plötzlich auf etwa zehn Schritte einem etwa vier- bis fünfjährigen Rehbock gegenüber stand. Wir beide waren wohl von dem unverhofften Zusammentreffen so überrascht, daß wir eine Weile bewegungslos verhofften. Nein, erlegen wollte ich ihn nicht. Vielleicht hätte man mich sogleich als ‚Schießer' angesehen und mich selbst hätte ziemliche Peinlichkeit überkommen. Aber betrachten konnte ich ihn. Decke rostrot, vielleicht ein wenig hell und das, was er aufhatte, war auch sehenswert. Dicke Stangen, gute Vereckung, nicht gerade dunkel. Erlen wachsen nicht gerade auf einem Almboden. Dann sprang er ab und grüßte aus der Dickung mit lang anhaltendem Schrecken. Ich zog weiter ohne Anblick zu haben. Aber ich sah manches, insbesondere, daß die vorbildlich erstellten Kanzeln alle so aufgestellt waren, daß man direkten Blick auf irgendwelche Fütterungen hatte, die man in Form von länglichen Holzkästen in entsprechender Höhe an Fichtenstämme genagelt hatte. Ich wußte Bescheid. Nach wenigen hundert Metern endete hier die Reviergrenze. Aber was man mit gutem Glas erkennen konnte, war, daß es jenseits der Grenze in der dort aufkommenden wilden Vegetation von Rehwild nur so wimmelte. Der Besitz gehörte einer Wiener Familie, deren Berufsjäger ein sympathischer, wenngleich wortkarger Zeitgenosse war, der aber, wenn er Interesse ahnte, recht offen sprach.

Der Weg ins jenseitig der Straße gelegene ‚Tal' war wirklich gepflegt, weil man hierhin auch die Wochenendgäste zum Spazierengehen lancieren konnte. Und trotzdem war's kein Park. Es war ein kilometerlanger Schlauch von etwa zwei bis drei Kilometer Breite und endete stetig ansteigend oben bei der ‚Jagafeichten', einer dicken und hohen Fichte, an die man eine Leiter und einen ziemlich unbequemen Sitz genagelt hatte. In all den Jahren meines jägerischen Tuns und Versehens bin ich nur zweimal hinaufgestiegen und das bedeutete einige Überwindung, wenngleich mir jedes Mal ein besonderes Waidmannsheil beschieden war. Aber beim leisesten Windhauch begann die Konstruktion zu zittern und sich nach allen Richtungen zu bewegen. Trotzdem gelang es mir eines Augustabends, es war noch vor dem Frauentag, der bekanntlich das Ende der ‚Rehmusik' darstellt, einen bis dahin unbekannten Kapitalen mit der Fiepe zu überlisten und ein andermal, es war Anfang Mai, schoß ich einen Spielhahn, der an diesem Tage ein wenig später auf der Bühne erschien. Ich war damals etwas früher da als er und konnte mich an seiner Balzarie freuen. Das 4,8 Gramm schwere Geschoß der damals geführten Bockbüchsflinte vom Kaliber 5,6 x 57R/16 faßte ihn voll und ich durfte ihn nach einem fürchterlichen und schwankenden Abbaumen nahezu unversehrt aus dem verharschten Schnee aufnehmen. Ich ließ mir Zeit, betrachtete den Hahn, den ich auf Daxen gebettet hatte, bewunderte seine Balzrosen und gönnte mir eine Zigarette. Überflüssig zu sagen, daß er später noch recht feucht und laut in der warmen Gaststube des Jagdherren gefeiert wurde.

Der geneigte und interessierte Leser wird erkennen, daß ich zeitlich und räumlich, so weit es dieses Revier betrifft, unabhängig in diesen glückhaften Tagen, Monden und Jahren herumpirsche. Ich ging, wo immer es mich trieb, mal zur Alm, mal ins Tal, verrichtete die mir notwendig erscheinenden Dinge und Arbeiten, saß stundenlang, um zu beobachten, pirschte lang auch in die abgelegenen Teile des Reviers und erlebte dabei zumeist Überraschungen. So entsinne ich mich gern, daß ich „im dunklen Tann", in einer ziemlich kühlen und feuchten Stelle, die mir lange verborgen gewesen war, vor Haselhahn und Henne stand, die mein Kommen nicht bemerkt zu haben schienen, jedoch keine Anstalten machten, zu flüchten. Wir beobachteten uns neugierig und lange und ich konnte mich nicht dazu entschließen, die Bockbüchsflinte von der Schulter zu nehmen. Diese Spezies hatte ich vorher noch nie geschaut, wußte auch nicht, ob man sie überhaupt beschießen durfte und wenn dann doch, ob es die richtige Schußzeit wäre. Diese Begegnung ist mir lange im Gedächtnis geblieben und auf eine seltsame Art erfreue ich mich heute noch meiner damaligen Unwissenheit. Als ich dem Jagdherrn davon erzählte, wunderte er sich und belegte mich mit der Frage, warum ich diese Gelegenheit nicht genutzt hätte. Ja, warum nicht !? Meine Hoffnung, diesem Paar noch einmal zu begegnen, erfüllte sich nicht.

In Haus, Hof und Revier wühlte, schuftete und rumorte ein Mann, von dem zu erzählen es mich drängt. Es war der Onkel Hans, Verwandter der Chefin, der sein Gnadenbrot genoß und den ich meistens beim Holzspalten für den immer gefräßigen Küchenherd antraf. Er hatte damals schon seine Jährchen auf dem Buckel, der von vieler Arbeit und Mühe auch schon etwas krumm geworden war. Er wußte sich stets in Szene zu setzen, indem er mir andeutungsweise von „erst gestern" geschautem hochkapitalen Rehbock berichtete. Wo er aber diesen Urian ausgemacht haben wollte, sagte er nicht. Und ob er, der Onkel Hans, gestern auch wirklich ‚draußen' gewesen war, blieb immer zweifelhaft. Zwar krümmte sich die Hand, wenn man etwas hinein legte, nahm's gern und beim Blick auf die markante rote Nase wußte man auch, wohin die Schillinge wandern würden. Wollte man nachsetzen und ihn ausfragen, fand er Ausreden.
„I waas net, ob der no dosteht." „Könnt sei, daß er über die Grenz g'wechselt is".
Schließlich hörte ich auf, Gewicht in seine Erzählungen zu legen. Anfangs hatte ich mir ganz gut bezahlte Hinweise auf Einstände und Umstände erhofft, mußte jedoch nach recht kurzer Zeit einsehen, daß von dieser Seite nicht viel zu erwarten war.

Trotzdem blieben wir bei distanzierter ‚Freundschaft,' halfen auch zuweilen zusammen, wenn es ums Ausbessern von Hochsitzen und ums Heumähen ging. Da langte er gern zu, vergaß aber nie, seine besonderen Fähigkeiten herauszustellen und seinen ‚Lehrling' für ihm gelegene Handgriffe einzusetzen. Mehr als einmal bekam ich dann Unterweisungen und Belehrungen. Was mir in solchen Situationen blieb, war schmunzeln und schweigen. Einmal aber habe ich ihn erwischt und da war sein Tun nicht besonders ehrenhaft. Das war kurz nachdem ich eine größere Menge Apfeltrester gekauft und im Stadl eingelagert hatte. Die Menge sollte für die Notzeit ausreichen. Eines Sonntagabends, schon auf der Rückfahrt in den häuslichen Einstand, überlegte ich mir's anders und kehrte nochmals ins Revier zurück. Und überraschte den lieben Onkel, wie er einen Plastiksack des feinen Tresters mit dem Schubkarren irgend wohin bringen wollte. Er war schon auf der Bundesstraße und ich lag wohl nicht falsch, wenn ich vermutete, daß die Bezahlung in einigen Vierteln Rotwein erfolgen sollte. Es entspann sich ein mittellautstarkes Gespräch, bei dem mein Widerpart nicht besonders glücklich ausschaute. Vergessen wir's. Man soll den von uns Gegangenen nichts nachreden. Denn das sei noch angemerkt, daß sich der Onkel Hans im Jahr darauf von dieser Welt verabschiedete und nun schon lange in einem traumhaften Revier mit kapitalen Böcken weilt.

Und eben in diesem Jahr kam eine unerwartete Hilfe auf mich zu, mit der ich nicht gerechnet hatte. Bei der An- und Abfahrt ins und vom Revier mußte ich zwangsläufig das Haus des Berufsjägers H., der bei der nachbarlichen Herrschaft angestellt war, passieren. Gelegentlich hielt ich auf ein kurzes Gespräch an. An diesem Tag aber schien H. mich zu erwarten, ruderte mit den Händen und forderte mich zum Anhalten auf. Nur mir wolle er's sagen, aber nahe dem gemeinsamen Grenzbereich treibe ein wirklich alter Rehbock sein Unwesen, vertreibe alles, was ein wenig jünger sei als er selbst und benehme sich extrem rauflustig gegenüber seinen Artgenossen. Er schätze den Bock auf mindestens acht Jahre und ich solle mich doch um diesen Raufbold kümmern. Einen Dreijährigen habe man gegorkelt und verendet gefunden und der Alte sei vermutlich der Mordgeselle.

Das war der Stoff, der mich in der nächsten Zeit beschäftigen sollte. H. hatte mir den Einstand des Bockes gut beschrieben, hatte gewußt, wo dieser sein Unwesen trieb und machte sehr praktische Vorschläge, wie man der Sache am besten beikommen könne. Und so begann ich in der darauf folgenden Woche mit dem ‚Feldzug'. Zum einen galt es, einen Sitz zusammen zu zimmern, abseits vom Einstand, diesen möglichst schnell und geräuscharm aufzustellen und dann zu warten, zu warten und zu verhören. Zunächst einmal war nichts wahrzunehmen. Auf die Suche nach Tritten wollte ich mich nicht einlassen, weil ich fürchtete, mehr falsch als gut zu machen. Schließlich haben auch Rehe einen Windfang und zwei Luser. Und solch alter Herr war leicht und schnell zu vergrämen. Und weil das Wetter frühsommerlich Sonne und Trockenheit brachte, wurden mir auch Myriaden von Mücken beschert, wenn ich da stundenlang auf meinem klapperigen Hochsitz-Ersatz verbrachte. Gab ich dann entnervt auf und steuerte der abendlichen Runde zu, sah ich zuweilen eine oder zwei rote Decken leuchten, nicht genau ansprechbar, die sich aber eilends im Dunkel des Fichtenbestandes verzogen. Abends bei Nachtmahl und Bier zuweilen vom Jagdherrn befragt, wo ich tagsüber gepirscht oder gesessen habe, antwortete ich ausweichend, denn noch immer hegte ich Hoffnung, einen alten Rehbock auf die Decke legen zu können, wollte aber über Näheres nicht sprechen. Dann änderte sich das Wetter. Über Nacht war es kühler geworden und seit dem frühen Morgen nieselte es. Ich bezog meinen Sitz, den ich kurz besetzt hatte, als ein etwa vierjähriger Rehbock wenige Meter entfernt hochflüchtig durchging. Das mußte seinen Grund haben.

Hatte es auch. Kurz danach ein alter Bock, der dem Vorgänger nachstürmte. Das war der Ersehnte. Es ging alles zu schnell, um Näheres feststellen zu können. Jetzt durfte ich nicht enttäuscht sein. Hinsetzen! Die Büchse laden, sichern und dann übers Knie legen. So hieß die Devise. Und tatsächlich – der alte Bock zog zurück, sichtlich ermattet, mit offenem Äser und heraushängendem Lecker. Schußbar! Ich zog ein, hielt die Luft an und dann war der Schuß draußen. Nach genau fünf Gängen brach der Bock zusammen, schlegelte nur kurz und lag dann im Moos des Hochwaldes. Das war weniger spektakulär, als ich es mir ausgemalt hatte. Keine Kunst, kein besonderes Können. Das letzte Hohlmantelgeschoß von zehn Gramm Gewicht hatte ganze Arbeit geleistet. Leider wurde es nicht mehr hergestellt. Ich schaute, daß ich von meinem Sitz herunter kam, steckte mir eine Zigarette an, ordnete mein Habit und betrachtete den Bock aus kurzer Entfernung. Erst später nahm ich das Gehörn auf und staunte nicht wenig. Stangen sechzehn, Rosenumfang fünfzehn Zentimeter, Vorder- und Hintersproß stark zurückgesetzt, dennoch gute Perlung. Aber was war das? An der linken Stange schimmerte es grün. Da hatte sich Moos angesetzt, das der Bock nun einige Zeit auf dem Haupt herumgetragen hatte. Und am Zahnabschliff bestätigte sich dann, daß meine Beute eher neun als acht Lebensjahre hinter sich gebracht, sich durchgemogelt und lange Zeit einen Schutzgeist um sich gehabt hatte.
Noch am Ort der Erlegung brach ich ihn auf, schränkte ihn und als ich aus dem Wald heraustrat, rief mir auf gute zweihundert Meter der Berufsjäger H. über die Reviergrenze hinweg „Waidmannsheil!" zu und grinste. „Dir vergönn i den Bock. An andern hätt' i eh nix g'sagt." Er hätte ihn auch selbst schießen können, weil er zuweilen über die Grenze wechselte. Ich bedankte mich und als ich ihm am nächsten Tag im Vorbeifahren etwas in die Hand drückte, hörte ich zunächst „muß wirklich net sei", er nahm's aber dann doch.

Zunächst aber mußte ich den geschränkten Bock bis zur Hütte tragen. Es regnete immer noch und auf dem Almboden ging es einigermaßen gut voran, dann aber kam ich ins Rutschen und konnte froh sein, daß ich meinen Bergstecken dabei hatte. Beim Verschnaufen nahm ich das Haupt in die Hand. Ja, er war mein Bester, den ich bisher erlegt hatte. Und dann hörte der Regen auf. Abendrot zwischen den abziehenden Wolken versprach Sonnenschein für den nächsten Tag.

Der Bock wurde betrachtet, bewundert, totgetrunken und auch verneidet. Alles schien in bester Ordnung, die Leber wurde uns von der Hausherrin gebraten und ein paar Schlucke Rotwein ließen das vorzügliche Essen ins Schwimmen kommen und den Anwesenden mit der Zeit die Sinne vernebeln.

Aber das ist nun auf dieser Welt – auch in der vermeintlich heilen – wie ein Gesetz, daß nämlich nichts von Bestand und ständigem Wechsel ausgesetzt ist. Und dieser Wechsel nahte in Form einer Familie aus Wien, angeblich Ruhe und wochenendliche Erholung und auch anderes suchend. Der Mann, in seinem heimatlichen Betrieb wohl gewöhnt, zu befehlen, eiskalten Blickes hinter scharfer, randloser Brille, konnte meine Sympathie nicht gewinnen. Ich spürte, daß es hier zu Problemen kommen mußte. Und dieses Gespür verstärkte sich, je öfter er mit seinem Anhang aufkreuzte. In der Pension floß ab nun der Sekt. Jedermann wurde eingeladen, mitzutrinken. Da wurde mit finanziellem Aufwand Prämisse gesucht und sichtbar gefunden. Alle waren von dem Mann angetan und umschmeichelten ihn. Und dann fragte mich der Jagdherr, ob ich wohl was dagegen hätte, wenn der Herr C. einen Bock schieße. Das war's also! Was wollte ich angesichts meines wackeligen, auf schier balkanische Art vereinbarten ‚Vertrages' denn schon machen, der im Endeffekt eine pauschale Abschußabnahme darstellte. Nein, nein, so schlimm war's auch wieder nicht. Heutzutage würde man das als „Jagdgelegenheit zu pachtähnlichen Bedingungen" bezeichnen. Bezahlt wurde das erlegte Stück. Der Vorteil lag nur darin, daß ich im Revier schalten und walten konnte, wie ich es mir vorstellte. Und Einsprüche gab es keine – mangels Interesses des Besitzers am Revier und an der Jagd. Das einzige Regulativ war meine Zurückhaltung in vielem und manchem. Es lief, wie es laufen mußte. Zum Hegeringschießen wurde ich erstmals nicht eingeladen, obwohl der mir eher zugetane Bezirksjägermeister meine nun schon seit Jahren gewöhnte Teilnahme einforderte. Sogar er erntete eine unerwartete Abfuhr. Was da im Spiel war, ließ sich unschwer deuten.

Als ich die Stätte eines viele Jahre währenden jägerischen Glücks verließ, wehen Herzens, wie ich es bekenne, wußte ich, daß es eine Rückkehr nimmer geben würde. Zwar mangelte es danach nicht an Anrufen und Aufforderungen, wieder zu kommen. Es sei alles geregelt.

Perdu!

Jagdgäste

Ein gebräuchlicher Spruch bei uns: "Leut gibt's, die gibt's gar nicht!" Damit soll zum Ausdruck gebracht werden, daß es Zeitgenossen gibt, die sich durch ihr Verhalten, durch ihr Auftreten, durch spleenige Aussagen oder maßlose Forderungen selbst unmöglich machen, meistens, ohne es selber zu bemerken und damit Ziel von Spott, unnötiger Nachrede und Häme werden.
Und warum sollte es in unserem Metier, der Jagerei, anders sein, als im ganz normalen Leben?
Im Beisammensein mit Jägern, die in ihrem Leben so manchen Jagdgast geführt und zu jagdlichen Erfolgen gebracht haben, hat man in einem langen Jägerdasein in dieser Beziehung so manches gehört, darüber gelächelt oder lauthals gelacht. Aber letztendlich ging doch alles auf irgendeine Art harmlos und glimpflich aus.
Und nachdem unsere Jäger im Oberland in aller Regel nicht ausgesprochen extrovertiert sind, sondern Wissen und Erleben meist für sich behalten und auch keiner dazu zu bewegen ist, seine Erlebnisse einmal niederzuschreiben, habe ich über eine Reihe von Jahren aufgeschrieben, was mir so zu Ohren kam. Überwiegend handelt es sich um menschliche Schwächen und wenn ich diese Geschichten in der Ich-Form wiedergebe, so bezieht sich dies in den meisten Fällen nicht auf den Autor, sondern auf jene, von denen ich diese Dinge gehört und dann in einem kleinen Notizbücherl nieder geschrieben habe. Und ein paar der Begebenheiten will ich wiedergeben, so wie sie erzählt wurden.

Der Revierjäger F.W. erzählte uns:
Ein zahlender Gast, wie sie bei uns heißen, hatte sich angemeldet und den Abschuß eines „guten" Hirschen gewünscht. Tag und Zeitpunkt hatte er mit dem „Chef" ausgemacht und er kam auch

pünktlich auf die Minute zu meinem Haus. Nach Begrüßung und Vorstellung und einem starken Kaffee, den meine Frau schon hergerichtet hatte, sagte ich ihm, daß wir auf einer Hütte übernachten müssten und am Abend versuchen wollten, einen passenden Geweihten zu erlegen. Ich bot ihm an, mit meinem Auto ein Stück des Anmarsches zurückzulegen und den Rest der Strecke zu Fuß zu gehen. Ich muß dazu sagen, daß ich nicht gern mit den Fahrzeugen Unbekannter fahre, möglichst noch auf dem Beifahrersitz. Da ist schon viel passiert..

„Ja," meinte er, „wo kann ich denn dann die Geweihe lassen, die ich gerade aus Ungarn mitbringe und auf dem Dach meines Wagens festgebunden habe?"

„Da haben wir keine Schwierigkeiten," sagte ich ihm. Er solle sie nur abbinden. Wir könnten sie dann bis zu seiner Abreise in meinem Haus aufbewahren. Ja, ich war ihm sogar beim Abladen seiner Trophäen behilflich und da fiel mir auf, daß die Geweihe, es waren vier, nicht mehr recht frisch waren und mit Sicherheit nicht in diesem Jahr geschossen worden waren. Aber ich sagte nichts, weil ja jeder in und auf seinem Auto transportieren kann, was er will.

Am nächsten Abend kam uns ein Zwölfender, dessen linke Stange ziemlich zurückgesetzt war und das war die Folge einer Laufverletzung am rechten Hinterlauf.

„Woll'n'S den schiass'n," fragte ich ihn leise. Er nickte nur, legte an und schon war die Kugel aus dem Lauf. Es war ein guter Schuß, das muß ich sagen. Der Hirsch stieg vorn auf, streckte den Träger und das Haupt weit nach vorn und ging ab. Aber schon nach wenigen Fluchten riß es ihn zusammen. Das Haupt wollte er noch einmal heben, doch dann sank es zur Erde, er schlegelte und ich wünschte dem Jagdgast „Waidmannsheil."

Aufbrechen, ja das war das Geringste, aber mit dem Liefern wurde es dann doch etwas später und als wir bei mir zu Hause ankamen, war es stockdunkel geworden. Für mich war nur

wichtig, daß ich den Hirschen in die „Kühlung" brachte.
Am nächsten Morgen sagte ich ihm, daß er das Geweih nicht gleich mitnehmen könne, denn bis ich es ausgekocht und hergerichtet hätte, könnten schon ein paar Tage vergehen. Der Herr Gast war ein wenig verstimmt, aber es half ja nun alles nichts, weil hexen kann ich wirklich nicht. Und so verblieben wir so,

daß er das Geweih nach der Trophäenschau entweder abholen könne oder es werde ihm zugestellt. Wir schieden im besten Einvernehmen und beim Wiederaufladen seiner vier Geweihe habe ich ihm auch geholfen. Kurz bevor er wegfuhr, meinte er, das wäre eine schöne Sache gewesen und er wolle sich gleich beim Jagdherrn für das nächste Jahr anmelden – auf einen Geweihten.

Er ist im nächsten Jahr wirklich wiedergekommen. Mit dem gleichen Auto und wieder mit vier Trophäen auf dem Dach. Und weil man nun einmal einen Blick hat für Geweihe und was halt so dazugehört, habe ich gesehen, daß drei der Trophäen im letzten Jahr schon einmal bei uns vorgefahren worden waren und in meinem Haus logiert hatten.
„Also, Herr Doktor," habe ich zu ihm gesagt, „jetzt hängen S` die Geweihe doch einmal auf bei sich daheim. Vom Herumfahren werden die auch nicht schlauer und die Strecke bis hierher kennen die doch schon im Schlaf". So habe ich ihn sauber erwischt mit seiner Angeberei.

Wildmeister K.R. erzählte:

Zur Hirschbrunft haben wir wieder einmal eine ganze Menge von „Abschußnehmern" erwartet. Die Jagdgäste gaben sich förmlich die Klinke in die Hand. Die meisten fuhren freudig wieder nach Hause und vielen merkte man die Freude über den jagdlichen Erfolg an. Andere waren unzufrieden, weil die Trophäe nicht ihren Vorstellungen entsprach. Aber das ist man ja schon gewohnt.
In diesem einen Jahr nun hatte man uns von der gottsöbersten Behörde einen Gast angekündigt, einen Professor, der noch nie einen Hirschen geschossen hatte. An besagtem Tage stand er vor mir und ich war erstaunt, in welchem Aufzug er herumlief. Er kam im Straßenanzug, Krawatte und nicht sehr strapazierfähigen Halbschuhen, halt so, wie's in der Stadt der Brauch ist. Zuerst meinte ich, er habe sein Jagerg'wand im Auto, aber bald stellte sich heraus, daß er außer seinem Zahnbürstel und einem uralten Militärkarabiner nichts weiter mit sich führte. Da schien es mir doch ratsam, diesen Herrn auf unserem Schießstand einen Probeschuß machen zu lassen. Als er sich auf dem Stand gerichtet hatte, sah ich, daß er drei Patronen aus der Jackentasche nahm und sie ins Magazin einlegte. Die waren bestimmt so

alt, wie die Büchse. Wahrscheinlich überlagert. Der erste Schuß auf die Wildscheibe ging dann auch sauber daneben. Da war kein Löcherl zu sehen, weshalb ich ihn bat, nochmals auf die Scheibe zu schießen, aber da entgegnete mir der Herr Professor, er habe nur noch zwei Patronen und er wisse nicht, wie das dann gehen solle, wenn wir wirklich an einen Hirschen kämen.
Ich habe ihm dann ein paar Bergschuhe und eine vernünftige Jopp'n geliehen und mit meiner Büchse hat er dann wirklich einen jagdbaren Geweihten erlegt. Es war zwar kein großmächtiger Gästehirsch, aber die Freude dieses Mannes über seinen jagdlichen Erfolg war vollkommen und als er uns verließ, umarmte er mich und die Tränen standen ihm in den Augen. Das sind dann auch für mich die schönsten Erlebnisse, wenn sich jemand so sehr freuen kann.

Revieroberjäger Hans W. mußte heute noch lachen:
Zuweilen hatten wir beim Staatsforst auch ausländische Jagdgäste. So kam in jenem Jahr, von dem ich hier erzähle auch ein Italiener, der einen ‚gamutscho', einen Gams schießen wollte.
Bei der Dienstbesprechung am Montag wurden vom Herrn Forstmeister die Pirschführer auf die angesagten Gäste verteilt und zu mir sagte er: „Du bist der Dienstälteste, übernimm den Herrn aus Italien. Wenn Ihr Euch nicht versteht, dann redet halt mit den Händen und Füßen. Irgendwie wird's schon gehen."
Besagter Jagdgast war Bürgermeister in einer mittelitalienischen Stadt, wo es ja keine Gams gibt. Dafür haben sie Zitronen. Kurzum, der Herr Bürgermeister kam und die gerade Anwesenden konnten sich ein Grinsen nicht verkneifen. Er war völlig in Schwarz gekleidet, trug zudem schwarze Schnürstiefel und einen Hut, wie ich ihn noch nie gesehen hatte. Daß wir kein Italienisch verstanden, kümmerte ihn in keiner Weise. Er sprach mit einer Ausdauer und einer Geschwindigkeit, wie es halt in seiner Heimat üblich ist. Im Grunde genommen, war er

ein recht netter Zeitgenosse und auch, wenn man ihn nicht verstand, so konnte man mit ein wenig Hirnschmalz schon erraten, was er wollte.

Wir fuhren zuerst einmal, so weit es ging, ins Revier, und stiegen dann weiter, bis zur Hütte. Der Herr Bürgermeister gab mir zu verstehen, daß er müde sei, ein wenig schlafen wolle und dann einen ‚gamutscho' schießen wolle. Daraus war zu entnehmen, daß er vom Gamsjagern nicht den leisesten Schimmer hatte. Also bereitete ich ihm ein Lager und suchte alle verfügbaren Wolldecken zusammen, die ich auftreiben konnte. Trotzdem schien er jämmerlich zu frieren. Als er wieder aufwachte, fragte er mich, ob ich denn keine warme Kleidung für ihn habe. Er habe absolut nichts Warmes dabei (dabei hatten wir's schon Mitte Oktober) und ich mußte ihm freundlichst zu verstehen geben, daß ich Berufsjäger sei und kein Textilhändler. Das konnte ja heiter werden.

Gegen frühen Nachmittag gingen wir zum Ansitzen und als wir aufbrachen, hängte sich der Herr Bürgermeister einen Schlauch um. Sowas hatte ich noch nicht gesehen, konnte auch keinen Sinn darin erkennen und deshalb fragte ich ihn, was er denn mit diesem Balg wolle. „Vino rosso – molto bene," war die Antwort. Sehr guter Rotwein also.

Nun weiß ein jeder, der's mit die Gams zu tun hat, daß man diese nicht erlaufen kann, sondern ‚dersitzen' muß. Ein gutes Platzerl wußte ich, nahe bei einem oft frequentierten Wechsel. Unter einer alten, großen Wetterfichte schoben wir uns ein. Da konnte jetzt passieren, was wollte. Wenn der passende Gams einwechseln sollte, konnten wir ihn auf eine gute Entfernung erlegen. Aber mein guter Bürgermeister schlotterte am ganzen Körper und ich machte mir mehr Sorgen um seine Gesundheit als um ein Stück Gamswild, das an diesem Paß mit Sicherheit zu erwarten war. Und dann fing er an, den Verschluß an seinem umgehängten Schlauch zu öffnen und an seinem Rotwein zu zutzeln. Auch mir bot er an, mich an dieser Art innerlicher Erwärmung, am helllichten Tag Alkohol zu trinken, zu beteiligen. Aber ich lehnte höflich ab.

Plötzlich zog aus den Latschen eine Gamsgais mit Kitz heraus, sichtlich vertraut und an dem reichen Gras- und Kräuterangebot naschend. Und ehe ich's versah, hatte mein Jagdgast die Büchse hochgenommen, wollte gerade entsichern, als ich mit der Hand seinen Lauf nach oben schob. Er verstand wohl nicht, warum.

„Nix bumbum! Ist Mama und Bambino," sagte ich.

„Perkee? Isse Gamutscho!"

Er hatte um einen Gamsbock eingegeben, das wußte ich. Und er sollte einen solchen bekommen. Hier aber spürte man, daß es dem Herrn letztlich nur um's Schießen ging. Normalerweise sind unsere Jagdgäste sehr diszipliniert und wenn's paßt, dann deuten wir schon, daß sie sich richten sollen und schießen können. Und deshalb wurde ich immer ärgerlicher. Keine gescheite Ausrüstung, dann die Sache mit dem Weinschlauch und jetzt auch noch der Versuch, eigenmächtig auf eine Gais mit Kitz zu schießen. Ja, und auch noch beleidigt sein.

Wir haben an diesem Tag noch einen Gamsbock bekommen, der etwas später auf dem Wechsel daherkam. Es war ein Dreijähriger, der ganz gut aufhatte. Und ich selbst war einigermaßen zufrieden, als ich den Herrn am Abend im Hotel abliefern konnte. So was braucht man nicht jeden Tag. Als ich dem Chef vom Ablauf der Geschichte Bericht erstattete, lachte der nur und meinte lakonisch, „andere Länder, andere Sitten," und ich sagte zu ihm, „des mit den anderen Ländern kann schon sein, aber Sitten sind das keine."

Revierjäger H.P. erzählte diese unglaubliche Geschichte:
Pünktlich war er schon, der Herr Jagdgast, sehr sogar. Aber als ich ihn näher betrachtete, fiel mir doch die Kinnlade herunter. Angetan war er mit einem Smoking, weißem Hemd, Fliege und mit Lackschuhen.

„Ja, lieber Herr, so werden wir aber nicht ausrucken können," sagte ich zu ihm, nachdem ich meine Verwunderung ein wenig weggesteckt hatte.

„Das habe ich mir schon gedacht," meinte er. „Aber der Ball hat so lange gedauert, daß ich keine Zeit mehr hatte, mich umzuziehen. Sie werden schon etwas für mich zum Anziehen haben."

Hier also war gedacht, daß der Pirschführer auch gleichsam auch noch ein Textilhändler ist. Ja, wirklich. Ich habe ihm dann einen alten Wetterfleck, einen alten speckigen Hut und ein Paar Schuhe verpaßt und so ist's dann auch ganz gut gegangen. Er hat nach einer recht langen und für ihn wohl auch sehr anstrengenden Pirsch einen Gästehirsch geschossen. Mit dem Aufbrechen wollte er nichts zu tun haben, was man ja auch verstehen kann, wenn einer im festlichen Gewand daherkommt.

Erst viel später habe ich erfahren, daß er ein hohes Tier im Ministerium war und daß er mich sehr gelobt hat beim Herrn Forstdirektor. Wahrscheinlich hat ihm das Gewand von mir besser gefallen, wie sein Smoking.

Oberjäger H.H. erlebte das folgende:

Wir sind ja alle nicht fehlerfrei und bei der Jagd trägt sich so manches zu, über das man nicht spricht und das man am besten vergißt. Aber von einem Vorkommen möchte ich doch erzählen, weil's nicht alle Tage passiert.

Bekanntlich ist die Vergabe von Abschüssen in den Kassenbüchern der Forstverwaltungen ein wichtiger Punkt. Alles muß bezahlt werden. Es muß ja gefüttert werden, es hat Jagdeinrichtungen, da gibt es Gehälter und viele Kostenpunkte, über die sich die wenigsten Gedanken machen. Wenn dann die Herrschaften daherkommen und sich mit dem Herrn Forstrat unterhalten und in vielen Fällen von den bisherigen jagdlichen Erfolgen erzählen, dann steht man meist etwas daneben. Man spitzt die Lauscher und bekommt dann schon immer etwas mit und man kann sich in vielen Fällen schon ein Bild von dem Jagdgast machen. Der „Chef" hat natürlich eine höhere Bildung und kann mit Menschen gut umgehen. Aber führen müssen wir Berufsjäger und dann haben wir einen Menschen für einige Zeit um uns, ob wir ihn nun mögen oder nicht. Wichtig ist nur, daß wir den Gast zum Erfolg bringen, denn das ist ein Teil unseres Auftrages.

In diesem Fall kam einer mit gut zwei Zentner Lebendgewicht, der mich erst einmal fragte, ob wir auf einer Hütte übernachten und dort einen richtigen ‚Hüttenzauber' veranstalten würden. Das mußte ich verneinen und ich versuchte, ihm den Ablauf der Gamsjagd zu schildern. Er wollte aber nicht darauf verzichten, ein paar Flaschen Bier mitzunehmen. Die stopfte er in seinen Rucksack, zusätzlich zu den nötigen Sachen und mir wurde da schon klar, daß das ein schwieriges Unternehmen werden würde. Schon nach den ersten Metern beim Aufstieg schwitzte er ganz fürchterlich und fragte, ob ich ihm nicht einen Teil seiner Last abnehmen könne. Das habe ich getan, habe seine Büchse übernommen und wir zogen weiter. Aber auch das verbliebene Gewicht war ihm nach einiger Zeit zu viel und ich mußte ihm wieder was abnehmen. Kurzum, als wir bei der Jagdhütte ankamen, hatte ich das meiste seiner Sachen heraufgetragen und er ließ sich vollkommen entkräftet auf die Bank fallen und wollte auch nicht mehr aufstehen.

Am nächsten Morgen waren wir schon bald auf den Läufen und ich wählte ein weniger schwieriges Gelände aus, um den Herrn Jagdgast nicht zu sehr zu belasten. Aber auch da schwitzte er schon wieder. Dann erbarmte er mich schon und ich bereitete für uns einen guten Platz. Irgend etwas mußte auch hier kommen. Ich sagte ihm auch, daß man Gams nicht erpirschen könne, sondern ersitzen müsse und das schien ihn dann schon zu beruhigen.

Wir mochten zwei, drei Stunden gesessen haben, als ich oben am Grat eine alte Gais ausmachte. Sie war gute zehn Jahre alt und führte ein Kitz. Behutsam machte ich meinen Gast auf die Gams aufmerksam und fragte ihn, ob er sich traue, das Kitz und danach die Gais auf zirka 180 Meter zu beschießen. Statt eine Antwort zu geben, begann sein Gesicht plötzlich, purpurrot zu werden. Und unter Schnaufen erklärte er mir, daß diese Entfernung für ihn zu weit sei. Ich solle für ihn die Gais erlegen. Ohne Beute könne er nicht nach Hause kommen.
Wie es weitergegangen ist, will ich nicht schildern, weil's auch nicht wichtig ist. Auf jeden Fall wird die Krucken in seinem Jagdzimmer einen Ehrenplatz haben.

Und das habe ich selbst erlebt:
Im Mai und Juni, wenn's den Schnee weggefressen hat im Gebirg, geht's in erster Linie darum, die Fütterungen vom Winter her zu reinigen, Salzsteine zu tragen für's Wild und um die Instandsetzungen der jagdlichen Einrichtungen.
Eine unserer Jagdhütten hatte einige Schäden erlitten und wir hatten unter großem Aufwand das benötigte Bauholz hinaufgeschafft, Material, das der brave Haflinger meines Freundes aufgeschnallt bekommen hatte. Und nun konnte ich an einem sonnenreichen und vergleichsweise warmen Tag mit den Ausbesserungen beginnen. Bei mir war wie immer meine Schweißhündin Hella, die die Zeit hier heroben in der herrlichen Bergwelt auf ihre Weise sichtlich genoß. Und während ich beim Zuschneiden und Annageln der Bretter war, begann sie unversehens zu knurren. Irgend etwas mochte ihr nicht passen. Und da sah ich auch schon, was auf uns beide zukam. Eine Gruppe von Touristen kam herauf. Voran der Vater und Anführer der Schar, ständig „eins, zwei," rufend, dahinter drei Kinder und am Ende der Karawane eine schmächtige Frau, die offensichtlich bemüht war, keines ihres Nachwuchses zurückbleiben zu lassen.

Zunächst hoffte ich, daß die Leute weiterziehen würden, sah aber dann, daß sie auf die Hütte her einschwenkten. Hella war's nicht recht und sie gab nun Laut, wovon sich der Anführer aber nicht beeindrucken ließ. Als sie bei mir angelangt waren, wischte sich besagter Herr den Schweiß von der Stirn und befahl mir: „So, und nun woll'n wir ne Milch und n'ordentliches Butterbrot." „Tut mir Leid," sagte ich, „aber so was hab ich nicht."
„Wieso? Das ist doch schließlich ne' Alm. Da muß es doch so was geben!"
Der Herr wurde etwas lauter und ich vermutete, daß er das Befehlen gewöhnt war. Ich machte ihm klar, daß dieses eine Jagdhütte war und keine Alm und daß ich auf Gäste überhaupt nicht eingerichtet war. Seine Frau, der man ansehen konnte, daß in ihrem Schicksalsbuch das DULDEN recht groß geschrieben war, beteiligte sich überhaupt nicht am Gespräch, zog aber die Kinder hinüber zum Brunnen.
„Das dürfen wir doch," fragte sie zaghaft und dann erfrischten sie sich am herrlichen Bergwasser.
„Was machen Sie denn da," herrschte mich der Herr Anführer an und ich erklärte ihm, daß da Ausbesserungen nötig geworden waren. „Die neuen Bretter müssen Sie aber behandeln!"
„Schaun'S," sagte ich, „das braucht's nicht, weil die Bretter von selber wieder alt werden." „Das weiß ich aber besser! Ich bin schließlich in der Holzveredelungsbranche und da braucht mir keiner was zu erzählen."
Und da war auch bei mir das Maß voll!
„Mich interessiert überhaupt nicht, was Sie tun oder machen und ich habe Sie um Ihren Besuch hier heroben und Ihre Ratschläge nicht gebeten. Und nun, wenn Sie sich vom Aufstieg erholt haben, darf ich Sie bitten, wieder weiter zu ziehen, wohin auch immer." Hella hatte inzwischen mitbekommen, daß da etwas nicht stimmte und daß da eine unangenehme Situation entstanden war, stellte sich vor mich und stieß ein drohendes

Knurren aus.

„Ruhig, Hella," sagte ich zu meiner Hündin. „Reg di net auf. Die gengan glei wieder." Und da schien der ungebetene Holzbeiz-Experte dann doch zu kapieren, daß er hier nicht landen konnte.

„Dann machen Sie doch, was Sie wollen," schrie er mich an und ich sagte nur: „Worauf Sie sich verlassen können."

Dann mußten die armen Kinder und die verhärmte Frau Gemahlin wieder Tritt fassen und als sie schon etwas weiter weg waren, trug mir der Wind einen Gesprächsfetzen herüber. Uneinsichtig und stur seien die ‚Eingeborenen,' denen man ja mit seiner Erfahrung nur helfen wolle. Na ja!

Obacht! Fuchs!

Wenn ich an die mondglänzenden Nächte im Januar und Februar denke, in denen ich dem Fuchs nachstellte, weiß ich, daß die Stunden, in denen ich, zwar eingepackt in Wolle und Loden und versehen mit zwei Paar Socken in den Fellstiefeln und dennoch frierend wie ein nackter Säufer, zu meinen schönsten Jagderlebnissen zählen und zu meinen erfolgreichsten. Aber der Reihe nach.

In dem damals von mir gepachteten Revier in der Steiermark hatte sich eine starke Vermehrung derer vom Malepartus bemerkbar gemacht. Ja, das war schon eine Population, der man nachstellen mußte. Im August und in den folgenden Monaten hatte ich mir einen Plan gemacht, hatte einen Luderplatz angelegt, zu dem nun alles, was beim Aufbrechen von Rehwild auf die rechte Seite gelangte (der Erfahrene weiß, was ich meine), verbracht wurde. Mit dem Jagdherrn und auch mit dem Nachbarn hatte ich mein Vorgehen besprochen und beide gaben mir ihr „placet," wobei ich spürte, daß sie klammheimlich über mich und mein Vorhaben lächelten, waren sie doch schon ältere Herren, denen ein Viertel Roter in der warmen Stube des Wirtshauses eher behagte, als sich in eisiger Winternacht zum Fuchspassen verleiten zu lassen. Mit dem Nachbarn zu sprechen, war insofern wichtig, als sich das Vorhaben nicht weit von der Reviergrenze abspielen sollte und womöglich ein Schuß über den ‚Graben', der die Grenze zwischen beiden Revieren bedeutete, nicht vermeiden ließ. Ja, und dieser Graben, zur Nachbarseite hin steil ansteigend, war durchronnen von einem Bach. Je nach Jahreszeit und Regenmenge floß bestes Bergwasser zu Tal, mal mehr und mal weniger.

Nicht weit von diesem Wasser stand eine alte, halb verfallene Hütte, die wohl eine Zeitlang als Holzlege gedient hatte und dann irgendwie in Vergessenheit geraten war. Genau hier errichtete ich mein ‚Hauptquartier', baute ein Fenster zur Bachseite hinein, versehen mit Scharnieren aus Lederstreifen. Eine Bank und ein Tisch unter dem Fenster sowie ein Ziegelstein und eine alte Pferdedecke machten die ganze Vorbereitung komplett und ich durfte sicher sein, daß sich bis zur Benützung der Hütte nichts ändern würde.

Es war eine Nacht im Januar, als ich mich erstmals in meine Hütte begab. Es war wohl kurz vor Mitternacht und beim wolkenlosen Himmel hätte man im Mondschein ohne Schwierigkeiten die Zeitung lesen können. Ich hatte meine Ferlacher 5,6x57 R/16er Bockbüchsflinte dabei, dafür aber mein Dachshund im Haus gelassen,

da er mich angesichts der herrschenden Minusgrade eher gestört hätte. Was ich jetzt berichte, sollte nicht unbedingt zur Nachahmung empfohlen werden. Das Fenster wurde geöffnet, auf den Tisch kam der Ziegelstein und darauf die Pferdedecke. Dann balancierte ich das geladene Gewehr darauf, entsicherte und lehnte mich zurück. Stille, warten!

Zuerst einmal passierte überhaupt nichts. Ich starrte in die schneeweiße Nacht, wohl wissend, daß der Fuchs gern gegen den Wasserfluß schnürt und erwartete ihn daher von der linken Seite kommend. Bewegungslos und ohne eine stimulierende Zigarette mußte ich verharren und in der Tat wurden mir die Augenlider immer schwerer. Ich zwang mich zur Konzentration. Die Zeit verrann langsam, aber nicht einmal einen Blick auf die Armbanduhr gönnte ich mir, denn auch bei nur kurz aufleuchtendem Feuerzeug konnte der nächtliche Feldzug umsonst gewesen sein. Und plötzlich, es mochte schon nach Mitternacht sein, sah ich eine Bewegung. Ein Fuchs! Er bewegte sich schnell bachaufwärts. Jetzt hieß es handeln. Als ich den Rückstecher mit einem ganz leisen ‚Klick' betätigte, äugte der Bursche genau zu mir her und ich denke, daß er in diesem Augenblick Verdacht geschöpft hatte. Blick durch's Glas, er war im Fadenkreuz und der Schuß brach. Getroffen! Er legte sich auf

die Seite, schlug noch einmal mit der Lunte und war verendet. Jetzt konnte ich aus dem Über- und Untereinander der vielschichtigen Kleidung eine Schachtel Zigaretten herausfingern. Welch ein Genuß. Doch dann wollte ich abbrechen. Für heute hielt mich nichts mehr in dieser Eiseskälte, ein Problem war jedoch, daß der Fuchs beim Nachbarn lag und ich ihn holen mußte. Durch den Bach konnte ich nicht steigen. Erstens war er etwas zu tief und zum anderen sollten die Fellstiefeln nicht unbedingt mit dem Wasser Bekanntschaft machen. Aber ich fand eine Stange, die neben der Hütte lag und mit dieser rollte ich den Burschen zu mir her. Es war ein dreiläufiger Rüde, nicht zu stark und auch der Balg schaute im Licht des Mondes etwas zerrupft aus. Vielleicht war er einmal in eine Falle geraten. Es soll ja schon vorgekommen sein, daß sich Füchse einen in die Falle geratenen Lauf selbst abgebissen haben. Nun gut, so oder so. Ich wollte etwas gegen diese Räuber getan haben. Ich hing ihn an die Außenwand der Jagdhütte. „Hella" hatte alles mitbekommen und begrüßte mich überschwänglich. Beim Verlassen hatte ich im Ofen noch einmal Holz nachgelegt und nun umfing mich zwar keine große, aber doch angenehme Wärme und ich konnte mich aus den vielen Kleidungsschalen heraus schälen.

Am nächsten Morgen schlief ich etwas länger, ließ kurz den Hund vor die Tür, brühte mir einen Kaffee. Das Frühstück hier heroben war nicht gerade fulminant. Radio hatte ich auch keines und so überlegte ich, wie ich heute am Abend vorgehen sollte, denn ich wollte nach dem Beschicken der Rehwildfütterung nochmals auf den Fuchs passen. Und da fiel mir ein, daß mir ein älterer Jäger einmal erzählt hatte, daß er an einem Platz in einer Nacht sechs derer von Malepartus erlegt habe, was ich ihm damals nicht so recht glauben wollte. Aber versuchen konnte man's ja. Ganz einfach sitzen bleiben.

Ich hatte Schlaf nachzuholen, gegen Nachmittag aber drängte der Hund dann doch auf Auslauf und so unternahm ich eine Pirsch durch's verschneite Revier, nichts erhoffend, aber Spuren und Fährten ergaben manchen Aufschluß. Den Rehen hatte ich Heu und Apfeltrester vorgelegt und als sich die winterliche Sonne dem Ende ihrer täglichen Bahn zuneigte, waren Jäger und Hund wieder in der Hütte, wo wir es uns recht gemütlich machten und gegen den aufkommenden Hunger etwas tun mußten.

Gegen halb zwölf nachts verließ ich die Hütte und schob mich, wieder bei herrlichem Mondenschein, so weit es möglich war in großem Bogen, auf meine ‚Holzleg' zu, richtete mich ein, lud die Waffe mit Kugel und Schrot und harrte der Dinge, die kommen würden. Diesmal hatte ich je fünf Kugel- und Schrot-

patronen dabei. Man konnte ja nicht wissen, was auf einen zukam. Wieder verging die Zeit. Ich saß bewegungslos wie in der vergangenen Nacht und hoffte. Wieder mochte es kurz nach Mitternacht sein, als auf der jenseitigen Seite des Baches ein Fuchs erschien. Er hatte es nicht eilig, ließ den Windfang nach rechts und links gehen und suchte ohne Zweifel nach Freßbarem.
‚Klick' machte der Rückstecher. Mein Gegenüber äugte zu mir her und in diesem Augenblick lag er auch schon im Schnee. Ich lud die Waffe erneut und legte sie auf die Pferdedecke. Diesmal aber stach ich gleich ein. Es konnte nicht schaden.
Es mochte eine halbe Stunde vergangen sein, als sich wieder Dunkles näherte. Wieder war's ein Fuchs und er schnürte auf der Spur seines Vorgängers. Er verhoffte, als er seinen Kameraden im Wind hatte, sicherte nach allen Seiten und bewegte sich dann ganz, ganz langsam auf diesen zu. Er stand etwa einen halben Meter vor ihm, als der Schuß brach und er als Zweiter dieser Nacht im Schnee lag. Also hatte der Bekannte doch recht gehabt, als er mir riet, nach dem ersten Schuß sitzen zu bleiben und es noch einmal zu versuchen. Und jetzt hatte ich Lunte gerochen und riet mir selbst, auf einen eventuell Dritten zu warten. Und dies, obwohl ich anfing, ganz erbärmlich zu frieren. Weiß der Himmel, ich war warm genug angezogen, aber wenn man sich nicht bewegt, kriecht die Kälte durch die wärmsten Sachen und man wird steif. Und diesen Zustand hatte ich jetzt. Während ich nun nachlud, die Waffe auf ihren angestammten

Platz legte und wieder hinaus blickte, stand der dritte Fuchs vor seinen Brüdern. Wahrscheinlich hatte er den Schuß nicht vernommen, denn bei Schneelage frißt der Schnee den Schall sofort. Dann hört man ihn nicht weit und weiß dann oftmals nicht, woher er kommt. Diese Umstände waren wohl mein Glück und die Ursache für seine letzte Stunde.

Mit drei Füchsen auf der Stange, die ich über der Schulter trug und die zusammen doch ein ganz schönes Gewicht hermachten, gelangte ich nach viel Stolperei endlich wieder bei der Jagdhütte an. Jetzt hingen vier Füchse an der Außenwand und langsam überkam mich ein Gefühl, es doch nun dabei zu belassen. Es war ja gutgegangen und ich wollte nicht übertreiben. Aber in dieser Nacht kam hinzu, daß sich plötzlich Wolken aufbauten, die darauf schließen ließen, daß sich das Wetter ändern würde.

Nachdem auch die Vorräte in der Hütte langsam zu Ende gingen, belud ich den Wagen mit den üblichen Dingen, mit dem Hund und den vier Füchsen und fuhr zu Tal, wo ich erst einmal eine vernünftige Brotzeit machte, die Füchse versorgte, was einen mittleren Auflauf verursachte und schließlich wollte ich am Fluß noch ein wenig nach den Stockenten schauen, denn die Frau meines Jagdherrn mochte diese Spezies nur zu gern und ihr wollte ich gern einen Braten fürs nächste Wochenende bringen. Flußaufwärts ging das am besten, weil die Enten in aller Regel gegen den Strom stehen und einen so nicht von oben kommend schon von weitem sichten. Tatsächlich gelang es mir, einen Erpel beim Aufschwingen zu schießen und auch aus dem Wasser zu fischen. Und Letzteres war nötig, denn ein Dachshund eignet sich nur in ganz seltenen Ausnahmefällen, eine Ente aus fließendem Wasser zu holen. Es war im Tal jene Stimmung, die ich mochte. Schemenhaft standen die Bäume am Flußufer, schemenhaft alles umher, schwere Tropfen fielen auf die Wiesen und je weiter man die Auen hinaufschaute, desto mehr verschwamm alles bis zur völligen Auflösung im großen Grau und Weiß.

Ich gestehe gern, daß es mir auf Treibjagden nur selten gelungen ist, einen Fuchs zur Strecke zu bringen. Einmal fuhr einer aus der Röhre, als ich beinahe auf ihn drauftrat, dann aber in meiner Reaktion zu langsam und mein Nachbar halt schneller war und ihn erlegte. Den Spott hierfür habe ich überlebt. Dies nur nebenbei.

Nachdem ich nun aus meiner Bretterbude heraus in zwei Nächten erfolgreich beim Fuchspassen gewesen war, anderseits für den kommenden Tag die Rückreise erfolgen sollte, machte ich mich zu nächtlicher Stunde noch einmal auf den Weg, um noch einmal mein Quantum zu erhöhen. Das Wetter hatte umgeschlagen, der Himmel war teilweise bewölkt und auch die Kälte war gebrochen. Also setzte ich mich wieder an, richtete die Waffe und alles rundherum und wartete wieder. Tatsächlich brauchte es heute nicht so lange, bis Reinecke erschien, heute auf ‚unserer' Bachseite und ich glaube, daß ich nie zuvor einen stärkeren und besseren Fuchsrüden gesehen hatte. Ein silberner Reif zierte seinen Balg und seine ganze Erscheinung stellte das dar, was man zuweilen in Büchern oder auf Bildern zu sehen bekommt. Das war gewissermaßen der ‚Idealfuchs'. Er schnürte auf wohl zwanzig Gänge zwischen Hüttenfenster und dem Bach entlang und ich nahm blitzartig die Waffe in die Hand und kam unbeabsichtigt an den Kugelabzug. Der Schuß war draußen, den Fuchs riß es geradezu herum, er stob bachaufwärts, überfiel den Bach und ich konnte nur noch sehen, wie er den Steilhang jenseits der Grenze hinauf flüchtete. An Nachschießen war hier nicht mehr zu denken. Obwohl ich mich über mein Mißgeschick ärgerte, war's nicht so, daß ich nun der vertanen Chance sonderlich nachweinte. Und halblaut sagte ich: „Gute Reise, bleib gesund und erhol dich von deinem Schrecken."

Alle meine Hunde

„...ein Hund, der einmal seinen Herrn beißt, tut das auch wieder," sagte mein Großvater, „denn dann stimmt's zwischen beiden nicht mehr." Dann griff er nach seinem Tesching, der über dem Bett hing, lud ihn, ging zum Fenster und erschoß seinen Rottweiler, der draußen im Hof gerade dabei war, seine Tagesration Futter zu verschlingen.

Vorher hatte er – und dieses überließ er niemandem – den Hund gefüttert und dieser hatte das sonst recht vertraute Ritual mit einem Biß in den rechten Unterarm des alten Herrn quittiert. Lange Zeit ließ er nicht los und knurrte böse. Mein Großvater war geschockt. Dennoch gab er mir ruhig Anweisung, mich ins Haus zurückzuziehen, dann sprach er auf den Hund ein: „Laß aus, Arno!" Schließlich lockerte der Hund den Biß, wandte sich seiner Nahrung zu und mein Großvater konnte sich langsam und rückwärts gehend, ebenfalls ins Haus begeben und die Tür verschließen. Der Rest war das Ende des Hundes, der anschließend im Mist vergraben wurde und von dem der alte Herr nicht ein einziges Mal mehr gesprochen hat.

Wenn wir Kinder im Hof spielen und herumtollen durften, wurde der Rottweiler in einen Garten gesperrt, damit wirklich nichts passiere. Ich selbst hatte als Bub mit diesem für meine damaligen Begriffe riesenhaften Tier ein eher gutes Verhältnis, das zuweilen dann

am Zaun stand und winselte, so als wolle er zu verstehen geben, daß er heraus wolle in den Hof. Aber ich hätte es nie gewagt, eigenmächtig die Gartentür zu öffnen.

Es war ein nachhaltiges Erlebnis für mich damals etwa Zehnjährigen, der ich zwar mit angesehen hatte, wie sich die Dinge zugetragen hatten, dennoch aber der Meinung war, daß man den Hund auch hätte leben lassen können. Vielleicht hatte es einen Grund für das Verhalten des Hundes gegeben, der bei meinem Großvater zu suchen war. Aber solche Gedanken zu äußern, wäre töricht gewesen, zumal es sich bei meinem Großvater um einen Mann handelte, der Widerspruch oder seinem Tun zuwiderlaufende Gedanken stets schnell unterdrückte. Es blieb nur das Vorhaben, die Dinge später einmal anders ablaufen zu lassen. Und dazu sollte ich sehr bald Gelegenheit haben. Zwar kaufte der alte Herr nach einiger Zeit einen Deutsch-Kurzhaar, wieder einen Rüden, ich konnte diesen Hund jedoch nicht zu oft sehen oder erleben, da meine Eltern mit uns Kindern weiter weg verzogen und die Fahrt zu den Großeltern in den Sommerferien sehr beschwerlich wurde. Außerdem hatte 1939 der Krieg begonnen, der unser aller Leben doch sehr stark veränderte. Das merkte auch ein Kind.

Es war Weihnachten des ersten Kriegsjahres, als der Verlobte meiner Schwester Heimaturlaub von seiner Einheit erhielt und die Feiertage bei uns im Familienkreis verbringen konnte. Und er brachte etwas Hündisches mit, das ihm in seiner militärischen Unterkunft zugelaufen war. Auf den ersten Blick hätte man ‚Promenadenmischung' zu diesem wieselflinken Tier sagen können, ganz offensichtlich gab es da etwas, was an einen Fuchs erinnerte. Die Soldaten hatten das Tier wegen seiner rostroten Farbe, der buschigen Rute und der weißen Blume ‚Tommy' getauft, was ich für etwas hergeholt ansah, denn die solchermaßen genannten Engländer trugen khakifarbene Uniformen. Sei's drum, der Name war kurz, hörbar und damit gut. Zunächst einmal ging's darum, dem Hund etwas Gehorsam und Leinenführigkeit beizubringen. Aber damit war ich wohl in der ersten Zeit überfordert. Es fehlte die Akzeptanz, denn der Vierbeiner wollte nicht erkennen, zu was das alles gut sei. Begab ich mich auf meine Streifzüge und nahm ihn an die Leine, so führte er sich zuweilen auf wie ein tanzender Derwisch, versuchte die Leine anzuschneiden und sich solchermaßen vom bis dato unbekannten Zwang zu befreien. Es dauerte eine geraume Zeit, bis sein überschäumendes Temperament zu brauchbaren Tugenden geführt werden konnte. Was aber blieb, war eine unüberwindliche Abneigung gegen jede Form von Uniform. Kam ein solcher Uniformträger, und das waren in der damaligen Zeit nicht wenige, in unser Haus, so mußte zunächst einmal ‚Tommy' aus dem Blickfeld gebracht werden, auf daß sie nicht ihr blendend weißes Gebiss in irgendwelche Hosenbeine oder darunter liegende Körperpartien vergrub. Das änderte sich auch später nicht, als ich als sehr junger Luftwaffenhelfer gelegentlich auf Heimaturlaub kam. Obwohl die Hündin mir sehr zugetan war, machte sie dann stets einen großen Bogen um mich, ja, man kann sagen, daß sie mich mied, bis ich diese Bekleidung ausgezogen hatte. Erst dann kehrte die alte Vertrautheit wieder ein. Was sie allerdings auszeichnete, war eine ausgesprochen feine Nase, der man draußen im Revier unbedingt vertrauen konnte.

Was sie dagegen nie ablegte, war eine Empfindlichkeit gegenüber gackernden Hühnern, in deren Scharen sie furios einbrach, wenn man sie mal nicht am Riemen hatte und ich weiß, daß mein Vater einige ‚ermordete' Hühner bezahlen mußte, die dann auch stets von besonderer Rasse und Güte gewesen waren, wie es sich in den Schilderungen der betrübten Besitzer darstellte. Da half kein ernstes Reden und kein Strafen. Die Fuchs-und-weiß-der-Geier-noch-was-Hündin hatte das in den Genen. Am besten war's, wenn man sie an den Riemen nahm und höllisch auf sie aufpaßte. Aber das gelang halt nicht immer, besonders dann nicht, als sie läufig wurde. Es war ein Theater, als die Hündin einen Spalt breit in der Haustür genutzt hatte und dann entwichen war. Es half kein Rufen, Schreien oder Brüllen. Tommy blieb unauffindbar. Sie blieb einen Tag und eine Nacht und jaulte schließlich bei Nacht vor dem Schlafzimmer meiner Eltern. Da stand sie, völlig verdreckt und müde. Dreiundsechzig Tage später hatten wir die Bescherung: Sie wölfte acht Junge, viele mit der Zeichnung der Mutter, andere aber kohlrabenschwarz, was wir wohl nicht zu Unrecht als den Einschlag ihres Freiers deuteten. Das war die Zeit, als ich neben dem Hundekorb sitzend, meine Pflichtlektüre für die Schule las. Um mich herum wuselte es und mit einem Auge mußte ich die Rasselbande immer im Auge behalten.

Das mochte an die drei Monate so gehen, bis wir die inzwischen stark gewachsene Nachkommenschaft unserer Tommy in andere Hände geben mußten. Schließlich fingen die Welpen an, Unmengen in sich hinein zu schlingen. Wie das meine Mutter gemacht hat, daß dann doch ein jeder etwas in den Bauch bekam, weiß ich nicht. Auf jeden Fall war die Ernährungslage damals nicht die beste und wir waren froh, als wir wieder in ruhigeres Fahrwasser kamen.

Es kamen schlimme Zeiten. Kriegsende, Chaos, Gefangenschaft, Arbeit beim Bauern, damit wenigstens etwas in den Magen kam, dann das Abitur und der Aufbau einer Existenz, was bekanntlich auch nicht von heute auf morgen vonstatten geht und die dann doch etwas anders ausschaute, als dies ursprünglich geplant war. Da war kein Denken an Jagd und Hunde – es ging ums blanke Überleben. Als ich aber dann nach einiger Zeit die Möglichkeit bekam, in Tirol und Vorarlberg auf Reh und Gams zu waidwerken, da kam auch wieder der Wunsch, einen Vierbeinigen an der Seite zu haben. Und weil ich in eindrucksvoller Weise die Nachsuchenarbeit Bayerischer Gebirgsschweißhunde mit erlebt hatte, sollte es nun auch ein solcher sein. Es war, um es vorweg zu nehmen, ein Riesenfehler! Diese Hunderasse gehört in die Hände von Berufsjägern und solchen, die tagtäglich ins Revier kommen. Zwar lebte ich mit meiner Familie nicht in der Stadt, aber die täglichen Gänge in den Waldungen der Umgebung reichten nicht aus, aus meiner neuen Begleiterin eine Jagdhündin zu machen, die zur Leistung fähig war und mit der man vertrauensvoll zusammen arbeiten konnte.

Gekauft hatte ich ‚Hella' in der Steiermark bei einem Bauern, der den gesamten Wurf im Kuhstall in einer Kiste ohne fast jeden Lichtstrahl ‚untergebracht' hatte und der wohl froh war, für seine Welpen wenigstens noch ein paar Schillinge zu bekommen. Papiere gab es natürlich auch keine, aber die könne man ja nachliefern. Ich habe sie trotz Vereinbarung nie zu Gesicht bekommen.

Die Hündin war anhänglich, brauchte ständig sehr viel Zuwendung und Liebe, mußte aber sehr bald auch etwas Konsequenz erfahren, was das Jagdliche anging und wo ich bald merkte, daß sie bei Schweißübungen gern und leicht faselte und das anfangs gezeigte Interesse vermissen ließ. Eines Tages nahm ich sie, es war an einem sehr kalten Wintertag mit dem Einverständnis des Revierinhabers mit zur Rehfütterung. Ich wollte sie – an der Halsung – an die Witterung des Wildes gewöhnen. Aber angesichts der zahlreichen Stücke Rehwild begann sie, völlig unerwartete Töne von sich zu geben, zu toben und sich wie wild zu gebärden, so daß ich, wollte ich mir die Freundschaft des R.K. nicht verderben, die Stätte ihres schlechten Benehmens fluchtartig verließ. Ich kann es nicht anders sagen, aber von diesem Moment hatte unsere Beziehung einen herben Schlag erlitten. Von einem guten Freund, der ebenfalls viel im Oberland herumkam, wurde mir der Rat gegeben, mich von der Hündin zu trennen. Zuerst erschien mir der Gedanke überhaupt nicht erwägenswert, als er mir dann aber sagte, er kenne einen Förster, der die ‚Hella' gern aufnehmen wolle und auch davon ausgehe, daß er aus ihr einen brauchbaren Hund machen könne, willigte ich ein und verkaufte die Hündin – viel war's nicht, was ich bekam – an besagten Forstmann, der mich bei der Übernahme aber sogleich bat, ihn und die Hündin innerhalb eines halben Jahres nicht zu besuchen.

Ein halbes Jahr später erhielt ich die Nachricht, daß man die ‚Hella' erschießen mußte, weil sie ein Stück Rehwild gerissen hatte, als man sie kurze Zeit unbeaufsichtigt ließ, und von diesem Moment an ein aggressives Verhalten gezeigt hatte. Im Grunde geht es einem immer unter die Haut, wenn man solches hört. Anderseits war mir klar, daß die Hündin von Anfang an gewisse Störungen zeigte und bei aller Treue: Für den Jagdbetrieb war sie nicht geeignet. Es war alles mein Fehler, denn es gab ja auch Tage und halbe Wochen, da ich auf dienstlichen Reisen unterwegs war und die Hündin in der Obhut meiner Frau stand. Ein Hund dieser Rasse gehört nun einmal in die Hände eines Berufsjägers, bei dem sie die Möglichkeit hat, täglich mit einem Menschen im Revier auf den Läufen zu sein und zu lernen.

Zunächst war nicht daran gedacht, einen neuen Hund anzuschaffen. Aber in diesem Falle spielte der Zufall eine entscheidende Rolle.

Im kleinen aber feinen Revier in Niederösterreich, das ich über eine lange Zeitspanne betreuen durfte, hatte ich ‚hinter der Alm' eine Kanzel gebaut, auf der ich eines Juli-Abends saß und ein wenig ‚mit der Musik spielte,' will sagen, daß ich ein wenig zaghaft die Fiepe ausprobierte. Dabei wurde es zwar spät, aber dann sehr schnell dämmrig und justament in diesen Augenblick erschien oben am Altholz ein Reh. Es war ein Bock und ein Sechser zumal. Etwas leichtfertig ließ ich fliegen. Ich hätte es nicht tun sollen. Ein wenig ‚mea culpa' ging mir's durch den Kopf. Das Licht für ein ordentliches Ansprechen war doch zu diffus gewesen. Der Bock zeichnete und war auch im gleichen Moment meinen Blicken entzogen. Daß er die Kugel hatte, daran zweifelte ich überhaupt nicht, aber eine nur auf meinen vagen Sinne vertrauende Nachsuche mochte ich dann doch verzichten. Also hieß das, runter von der Kanzel und so schnell wie möglich zum Besitzer der Jagd, um mit diesem alles weitere Vorgehen zu besprechen.

„Jo, des kommt vor," meinte er nach meiner Schilderung des Vorfalls, „aber i ruf gleich den V.P. an. Der hat an Schweißhund und dann geht's halt morgen beizeiten los."

Besagter Aufsichtsjäger V.P. sagte seine Unterstützung sofort zu und stand auch am nächsten Morgen, wie vereinbart, pünktlich gegen halb vier vor der Tür. So weit als möglich fuhren wir hinauf zur Alm und bewältigten das letzte Stück des Weges zu Fuß. Von der Kanzel aus wies ich den Hundeführer ein und der Hund nahm die Fährte sofort auf. Da mochten keine dreißig Meter zwischen Anschuß und dem gefundenen Bock liegen. Der Hund hatte die leichte Arbeit sehr gut gemeistert.

Es folgte das Übliche und ich lud den Hundeführer zum Frühstück ein. Und nachdem er noch etwas in die Hand gedrückt bekommen hatte, brauste er mit Auto und Hund davon, während ich den Bock zu versorgen begann, für die Hausfrau zu zerwirken, und mich dann nach getaner Arbeit ein wenig zur Wirtschaft begab, in der ich die Jäger der Umgebung an einem Sonntagvormittag wußte, wo die Neuigkeiten ausge-

tauscht und die Rotweinvierteln gehoben wurden. Auch meinen Hundeführer sah ich sofort in lustiger Runde, von wo ich auch sofort laut und unüberhörbar empfangen wurde.
„Jetzt hast an roten Punkt," tönte es mir entgegen und mir wurde klar, daß sich besagter Hundeführer nicht an die Regeln gehalten hatte, die da sagen ‚Nachsuchen – Finden – Maul halten!' Das, so entschloß ich mich in nämlicher Minute, sollte mir nicht noch einmal passieren und bis zum Entschluß, mir wieder einen Begleiter zuzulegen, war's nicht mehr weit.
Nun hatte mir mein über viele Jahre guter Freund und ausgezeichneter Hundeführer Oberförster L.I. seit langem dazu geraten, mir einen Dachshund zuzulegen, was aber bis dahin immer wieder wegen widriger Umstände und auch an der inneren Einstellung gescheitert war. Jetzt vermittelte er mir einen anerkannten Zwinger und gemeinsam suchten wir eine anscheinend gut veranlagte Dackelhündin aus, denn daß es ein weibliches Wesen sein sollte, hatte sich meine Frau ausbedungen. „Jasmin vom Auerbach" wurde sofort in ‚Joschi' umgetauft und freudig in der Familie aufgenommen. Es zeigte sich sehr bald, daß die Hündin ein Riesentemperament hatte, gern in der Kunstfährte arbeitete, aber alles, was nach Wasserarbeit und Kunstbau ausschaute, von Herzen verabscheute. Ihre ‚SpJ' bewältigte sie mit ‚nun ja, das hätten wir geschafft, dagegen stöberte sie mit großem Einsatz so lange, bis in dem ihr zugewiesenen Wäldchen aber auch keine Maus mehr zu finden war. Sie war ein lieber Hausgenosse, aber zu einer ernsten Nachsuche kam es nie. Wenn ich sie auf Pirsch oder Ansitz bei mir hatte, und das waren immerhin vier Jahre, gab es kein krankgeschossenes Stück. Alles lag im Feuer und sie durfte dann in jedem Falle das Wild bewinden.
Eines Tages sprang sie einem auf unseren Hof fahrenden Auto in den Radkasten und bis wir zu ihr hin laufen konnten, hatte sie

ihre kleine Hundeseele ausgehaucht.
Jetzt fing alles von vorne an. Der Schmerz über den Verlust war groß und die Bereitschaft, einen neuen Hund zu kaufen, war bei allen Familienmitgliedern nicht erkennbar. Nach einiger Zeit rief Freund L.I. an und berichtete, daß seine mit vielen Leistungsabzeichen und Formwert „V" ausgezeichnete Dakkelhündin ‚Dirndl von Tanneck' in der nächsten Zeit Welpen erwarte und er würde mir gern einen Hund aus seiner Zucht reservieren. Beraten, diskutieren. Es dauerte eine Zeit, bis ich ihn anrufen konnte und bat, mir eine Hündin zurückzuhalten. Und dann dauerte es auch nicht lange, bis wir uns in Bewegung setzten, um die Welpen aus dem ‚H'-Wurf in Augenschein zu nehmen. Wir waren begeistert. Sie sollte wieder den Namen ‚Hella' bekommen und auch so im Stammbuch eingetragen werden. Nach guten elf Wochen holten wir Hella (und nicht nur sie!) ab. Nachdem es in der Oberförsterei nur so wimmelte vor Hunden, bat mich mein Freund, doch ein Geschenk dergestalt anzunehmen, daß ich die ‚Guggi von Tanneck' auch übernähme. Die Hunde würden sich kennen und es seien keine Schwierigkeiten zu erwarten. ‚Hella' war im Gebäude ein sehr schöner Hund, wenngleich in ihrer Entwicklung noch nicht fertig, aber die ‚Guggi' war für mich der Inbegriff eines Dachshundes! Bart und Fell wie gemalt, das Gebäude eindrucksvoll, guter Behang, der Gang geschmeidig, ja, die Leute blieben stehen und bewunderten sie. Manchmal konnte man meinen, sie wisse um ihre Schönheit. Da kam die kleinere ‚Hella' immer etwas zu kurz. Aber ich konnte es ja nun nicht ändern. Dafür aber hatte ich nach kurzer Zeit den Eindruck, daß sich die beiden Hündinnen nicht sehr grün waren. Öfter kam es zu Beißereien und bösartigem Geknurre, wobei sich ‚Guggi' als die Stärkere (sie war ein Jahr älter) immer durchzusetzen vermochte.
L.I. hatte mir angeraten, einen Hundezwinger mit winterfester Hütte zu bauen und die zwei Hunde ‚draußen' zu halten. Mir be-

hagte diese Art der ‚Aufbewahrung' überhaupt nicht. Ich wollte, wenn ich abends aus dem Büro kam, meine Meute um mich haben. Schließlich ließ ich mich überzeugen, denn die Hunde waren die Haltung im Freien gewöhnt. Also wurde die Sache ausprobiert. Nicht lange! Ich erinnere mich, daß ich zu einer Konferenz in Regensburg weilte. Es war nicht unsere Art, uns ohne Grund tagsüber anzurufen, aber der Anruf meiner Frau schien dringend zu sein. Ziemlich aufgelöst berichtete sie mir, daß ein offenbar tollwütiger Fuchs versuche, sich unter dem Drahtzaun durchzugraben, um so zu den Hunden zu gelangen. „Also, jetzt holst die Hunde ins Haus. Dann machst das Fenster von meinem Arbeitszimmer auf, legst ein Kissen auf den Rahmen, nimmst Deine Büchs – ja und dann ziel gut und erschieß den Fuchs. Sag aber dem Jagdpächter Bescheid, daß er reagieren kann."

So lief's dann auch ab. Für mich aber stand fest, daß ab sofort die Hunde im Haus sein würden. Jede der beiden erhielt einen Korb für sich, sie schliefen in der Küche unter der Eckbank und fühlten sich sichtlich wohl. So ging das ein Vierteljahr, aber es war abzusehen, daß es mit den beiden nicht weitergehen konnte. Ständig kam es in zunehmendem Maße zu Beißereien, die nicht mehr anzuschauen waren. Es kam mir entgegen, daß L.I. mir eine Einladung zur Treibjagd telefonisch übermittelte. Ich rief zurück und bat ihn, ‚Guggi' wieder zurück zu nehmen, denn ich gestehe, daß wir angesichts meiner häufigen Abwesenheit von daheim überfordert waren. Er stimmte zu und so verbrachte die Hündin den Tag der Treibjagd und auch jene bis an ihr Ende auf der Couch der Frau Oberförsterin.

Von Stund an konnte man an der ‚Hella' eine erfreuliche Entwicklung beobachten. Sie wurde fester im Wesen, mißtrauischer gegenüber Fremden und entwickelte sich auch körperlich hervorragend. Auf der Internationalen Hundeausstellung in Innsbruck erhielt sie für ihren Formwert ein ‚sg' (sehr gut) und bei den jagdlichen Prüfungen schnitt sie zwar nicht ‚sg,' doch aber mit beachtlichem Erfolg ab. Die Wasserprüfung an der toten Stockente war anfangs für sie ein Gräuel, doch nach einigen Tagen und Wochen konnte man sehen, wie diese Hündin das Schwimmen lernte und wie es ihr Freude machte, sogenannte Übungsenten zu holen und zu bringen.

Von einer Angewohnheit der Dackeldame aber ist zu berichten. Sie mochte es gern, wenn sie gelegentlich am Abend, wenn ich nach getaner Arbeit im Lehnsessel saß, sich mit einem Sprung auf meinen Schoß ihren Platz zu sichern. Und dann kroch sie langsam immer weiter an mir rauf, bis sie ihren Kopf ganz nahe an meinem Gesicht hatte. Dann erstarrte sie förmlich, war wie paralysiert. Wenn sich dann meine Frau oder meine Tochter den Spaß machten, ihr ein besonderes Leckerli entgegen zu halten, verweigerte sie die Aufnahme. Es war, als ob sie die Welt um sich herum vergessen hätte.

Leider war unsere gemeinsame Zeit nur kurz bemessen. An einer Tankstelle wurde sie von einem rasenden Autofahrer überrollt. In ihrem Schmerzzustand hat sie dann zum ersten Male nach mir geschnappt und es war eine Tortur für die Hündin und für mich, sie bis zu einem Tierarzt zu verbringen, der ihr aber auch nicht mehr helfen konnte. Noch acht Tage dauerte ihr Martyrium, bis der Herr Veterinarius erkennen mußte, daß er sich bei der ersten Untersuchung geirrt und ihre hoffnungslose Lage falsch eingeschätzt hatte.

Auch sie hat einen Platz unter einer herrlichen Fichte gefunden. Jeder Hundeführer weiß, wie es einem ums Herz ist, wenn man eine solch kleine Freundin durch die Schuld anderer verliert.

Wieder kam eine hundelose Zeit. Wenn ich dann ausrückte, um auf den Rehbock zu waidwerken, fehlte etwas an meiner Seite. Und weil auch meine Frau ständig nach Dachshunden Ausschau hielt und dabei fast einen Autounfall verursacht hätte, beschlossen wir, wieder auf die Suche nach einem Hund zu gehen. Angebote gab es deren viele, aber wir waren wählerisch geworden und zudem hatte ich den Entschluß gefasst, mir diesmal einen Rüden ins Haus zu holen. Schließlich fanden wir, was wir suchten. Bei einem Züchter in der Nähe von Neustadt an der Donau stand ‚Donald vom Holzwinkel,' der seine Geschwister, fünf an der Zahl, nach Belieben dominierte und drangsalierte – ein Raubauz reinsten Wassers. Hatten wir für alle Fälle einer Übernahme einen ausgeschlagenen Korb mitgenommen, so wollte er absolut nichts mit diesem Transportmittel zu tun haben, rackerte so lange herum, bis er auf dem Schoß meiner Frau sitzen konnte und zeigte dabei eine Eigenart, die er ein Leben lang beibehielt. Paßte ihm etwas nicht oder war er über irgend etwas verärgert, dann bohrte er seine Nase in Menschenbäuche, Wände oder in die Erde. Uns wurde sehr bald klar, was wir da gekauft hatten. Zu überschreiben wäre die Phase seiner Abführung und die Erziehung zu einem brauchbaren Haus- und Jagdgenossen mit dem einen Wort ‚Eigensinn' oder sollte man besser sagen ‚Charakter.' Ja, den hatte er. Und den bewies er, so lange ich ihn hatte.

Ein besonderes Merkmal an ihm waren seine dicht behaarten Vorderläufe, was meine Tochter bewog, ihn mit dem Namen ‚Bär' zu belegen, was eigentlich nahe lag, denn den Hund mit seinem Zwingernamen zu rufen, verursachte bei uns einiges Naserümpfen. Im Spurlaut zeigte er im ersten Behang seine gute Veranlagung – zielstrebiges Verfolgen des Hasen, lang anhaltender Laut und widerwilliges Zurückkehren. Er wurde auf Anhieb Tagessieger, was einige Herrschaften, deren Hunde ebenfalls an dieser Prüfung teilnahmen, mit dem Wunsch auf mich zukommen ließ, mit dem ‚Bärli' decken zu können. Aber dazu war er mir zu jung und so war zunächst Vertröstung angesagt.

Bei den Übungen im Kunstbau zeigte er Entschlossenheit und Mut. Als aber einer der unfehlbaren Experten den Schieber im Kessel nach der falschen Seite aufmachte und den Fuchs den ungehinderten Zugang zum Hund ermöglichte, kam es zu einem ernsten Kampf, den sowohl Fuchs als auch Hund mit einigen Blessuren bezahlen mußten. Jetzt aber wurde mir klar, daß es zur Entscheidung kommen mußte. Entweder er wurde zum Feigling oder der Vorfall würde ihn noch schärfer und giftiger machen. Obwohl sich zeigte, daß er ausgesprochen scharf auf jegliche Fuchswitterung reagierte, ließ ich ihn später nicht mehr im Kunstbau arbeiten. Ich hatte gute Gründe für diese Entscheidung.

Angewölft war seine Schärfe bei der Verteidigung erlegten und von ihm nachgesuchten Wildes. An anderer Stelle habe ich beschrieben, wie er einen übereifrigen Forstbeamten, der es hätte besser wissen müssen, als dieser einem von mir erlegten Rehbock zwischen die Stangen griff, überaus ungnädig in die Hand biß, ja, diesen Herrn nicht einmal erlaubte, sich dem Bock zu nähern. Seine Devise war wohl, daß von seinem Herrn erlegtes Wild auch diesem gehöre oder im Zweifel ihm, dem Nachsuche-Experten. Freunde haben wir beide uns mit dieser Einstellung nicht sehr viele gemacht, obwohl er sich absolut richtig verhalten hatte.

Von zwei Begebenheiten allerdings möchte ich noch erzählen, weil sie mich einige Überlegungen anstellen ließen.

Unsere hochbetagte Nachbarin, eine überaus engagierte Ärztin, übergab ihr Haus an ihren Sohn und dessen Familie, die soeben aus Afrika nach Bayern zurückgekehrt waren. Und zu dieser Familie gehörten zwei Hunde, Pongo und Purdey, eine Kreuzung aus Dobermann und Rottweiler, gefährlich ausschauend, aber gut erzogen und nach meiner Überzeugung gutmütig. Drauf ankommen lassen mußte man es allerdings auch nicht gerade. Das erste, was unsere neuen Nachbarn taten – sie ließen einen zwei Meter hohen Drahtzaun spannen, um die Hunde, die in der alten Heimat das Herumstromern auf weitem Grund gewöhnt waren und sich nun mit einem verhältnismäßig kleineren Lebensraum begnügen mußten, vor ungewolltem Ausbrechen zu bewahren. An den Drahtmaschen entstand nun reger Hundeverkehr mit gegenseitigem Bewinden. Da gab's kein boshaftes Gebell oder Verhalten. Eines Tages, ein Festzug zog unsere Straße entlang, hatte ich mich eine Weile vor dem Haus aufgehalten, wohl wissend, daß sich der ‚Bär' im Grundstück aufhielt. Kaum aber kam ich zurück ins Haus, vermisste ich meinen Hund und pfiff und rief nach ihm. Ich erhielt keine Antwort und auch ein Hund war nicht in Sicht. Bis die neue Frau Nachbarin rief: „Der ‚Bär' ist bei uns!" Er hatte sich unter dem Drahtzaun durchgegraben. Auf der anderen Seite standen, stummelwedelnd, die zwei großen Hunde. Sie freuten sich sichtlich der Ankunft ihres kleinen Besuchers und als ich kam, waren alle drei beim Herumtoben. Von nun an konnten die drei Hunde auch gemeinsam geführt werden und man gewann den Eindruck, als ob sich P. und P. in der Rolle der Beschützer des Dachshundes sahen.

Irgendwann kam ich von einem Pirschgang mit meinem Hund zurück und hatte bemerkt, daß uns seit geraumer Zeit ein braunschwarzer Hund folgte, undefinierbarer Provenienz und ziemlich verkommen, immer näher zu uns aufschloss. Mein Hund – wir waren nur noch wenige Meter von unserem Haus entfernt – gab plötzlich einen Laut von sich, den ich weder vorher noch nachher von ihm gehört habe. War das Todesangst? Und justament in diesem Augenblick übersprang Purdey den zwei Meter hohen Zaun, nahm den fremden Hund an und verfolgte den, der nun die Flucht antrat, vertrieb ihn, um dann brav und als sei dies alles eine Selbstverständlichkeit gewesen, zurückzukehren.

Nun sage mir einer, daß Hunde nicht zu so etwas wie Freundschaft oder sogar Verstand fähig seien. Mich jedenfalls hat dieses Geschehen sehr beschäftigt.

Obwohl ich seit vielen Jahren ein Jagdtagebuch besonderer Art führe, kann ich beim besten Willen nicht mehr sagen, wie viele

Pirschen, Ansitze oder Nachsuchen wir gemeinsam unternahmen. Fest steht, daß das ‚Bärli' mein bester Hund war und daß zwischen uns eine Art tiefen Vertrauens vorhanden war – gegenseitig, versteht sich. Nach vierzehn Jahren, acht Monten und zwei Tagen bei mir mochte mein Hund nicht mehr. Auch der eilends herbei gerufene Tierarzt konnte ihm nicht mehr helfen. Aber er wollte mich bei sich haben und bellte mich in aller Frühe aus dem Bett. So ist er unter meiner Hand eingegangen und heute zieht das Rotwild seine Fährte dort, wo ich ihm sein Grab geschaufelt habe.

Und jetzt bin ich zu alt, um noch einmal einen Hund abzuführen. Da machen die Knochen nicht mehr mit und außerdem möchte ich nicht, daß mich ein Hund überleben würde.

Und Fehler habe ich bei den Hunden genug gemacht.

Mein Wetterfleck

Jetzt sind's an die dreißig Jahre, daß ich dich erstand. Beim Jagdausstatter Dschulnigg in Salzburg. Ein bisserl charmant, ein bisserl elegant und sehr vornehm. In der Auslage die edelsten Waffen. Maserholz, Achtkantläufe. Sündhaft teuer.
„Schaun S', das müssen S' haben. Ohne das geht's gar nicht."
„Für die Frau Gemahlin? Ja, selbstverständlich zu Diensten!"
Im Laden kam man sich zuweilen vor, als sei man der Erzherzog persönlich. Sogar die angebotenen Bergstöcke hatten einen Glanz von Erlesenheit
„Beehren S' uns wieder. Habe die Ehre."
Stand man dann nach Kauf und langem Plausch draußen auf der Straße, rechnete man und erschrak. Was hast jetzt wieder für einen Haufen Geld ausgegeben. War das alles nötig? Und kannst jetzt noch zum Peterhof auf ein Selchfleisch gehen?
Ja, in dieser Aura des Besonderen habe ich dich gekauft. Und obwohl es nun schon lange her ist, weiß ich den Preis noch heute ziemlich genau. Aber wen interessiert der schon. Und von Stund an habe ich dich gemocht und es gab keinen Ausgang, keine Pirsch und keinen Ansitz, bei dem du nicht dabei gewesen wärest. Und für was mußtest du nicht alles herhalten! Gewärmt hast du mich und den Sturm hast du abgehalten. In der Jagdhütte auf dem Kreister wurdest du zum Kopfkissen zusammengerollt. Beim Ansitz setzte ich mich auf dich drauf, weil's dann auf harten Brettern, Wurzelstöcken und Felsen nicht mehr gar so ungemütlich war. Und als damals die treue Dackeldame Hella von Tanneck von einem rasenden Idioten überfahren wurde und vor Schmerzen nach allem schnappte, was ihr zu nahe kam, haben wir sie sanft und weich in dich gebettet und zum Tierarzt gefahren. Es war umsonst. Aber jetzt hattest du auf der Innenseite ein paar rote Fleckerl. Auch an einen Triangel kann ich mich erinnern. Irgendwo waren wir hängen geblieben. Aber

das Loch war kurz darauf nicht mehr zu finden. Sollte vielleicht das Frauerl...? Mit Nadel und Faden? Ich glaub's nicht, denn so recht hat sie dich eigentlich nie mögen. Weil du immer so eine eigene Witterung nach Aufbruch, Erdreich, Schwämmen, Latschen und Hütten an dir hattest. Mich hat's nie gestört. Nur wenn du zum Trocknen auf der Sockenstange hingst, ging man dir am besten aus dem Weg. Am meisten aber dientest du beim Schießen als Unterlage für die Büchse. Oftmals schnell auf den Rucksack gelegt, Büchse drauf. Das wirkte sich, auch bei weiten Schüssen, vorteilhaft aus.

In Tirol sagen sie zu dir ganz einfach ‚Mantel'. In Franken droben bezeichnet man dich als ‚Kotze'. Das Wort kann man nicht mögen, denn das klingt nach zu viel Alkohol oder ungenießbarer Speise. Mit Innenfutter aus Stoff und sogar aus Pelz gibt's dich auch. Aber der Erfinder solch unnützer Veredelung war sicher nie beim Jagen in den Bergen, wo man um jedes Pfund froh ist, das man nicht mitschleppen muß. Nein, nein, du bist schon recht

Wenn ich so denke, wie viel Zeit ich Büchse und Flinte gewidmet habe, was ich geputzt, gereinigt und geölt, Probe geschossen und was weiß ich sonst noch habe! Und du? Dich hat man an den Nagel gehängt, lieb- und gedankenlos. Bis man dich wieder brauchte. In der staaden Zeit kamst du sogar auf einen Bügel, wegen der Form und in den Schrank, wo das andere Jagerzeugl auch war.

Am lustigsten aber muß es immer ausgeschaut haben, wenn ich die Büchse bei Regenguß oder starkem Schneefall unter dir versteckte. Das mochte dann stets so ausgeschaut haben, als ob mir aus der Brust ein Horn herausgewachsen wäre.

Und der schneidige Rüde Donald vom Holzwinkel, der von der Familie immer ‚Bärli' genannt wurde, lümmelte sich gern auf dir, wenn er auf dem Bodensitz zu meinen Füßen auf einen erlösenden Schuß wartete. Aber er ist ja nun nach fünfzehn Jahren

Lebenszeit in den Hundehimmel gekommen. Und noch einmal anfangen mit einem Welpen? Ihn abführen und all die Plagerei? Ich bin wohl zu alt geworden. Die Zeit, die mir noch vergönnt ist, zum Jagen zu gehen, bleibst du mit Sicherheit bei mir. Alles ist ein bisserl ruhiger geworden. Auch das Jagerherz.

Herbstliches

Es war Septembermitte geworden. Die Rehbrunft mit all ihren Freuden war in diesem Jahr an mir vorbeigegangen. Zu viele Dinge und Notwendiges hatten mich von rehjägerischer Betätigung ferngehalten und es blieb nur der Trost, daß es eben jene Dinge waren, die wahrzunehmen erst die Voraussetzung schufen, mich der Jagd mit all ihren Facetten widmen zu können. Alles fordert seinen, manchmal auch hohen Preis.
Ein Telefonanruf war's gewesen, der mich zu sofortiger Abreise bewog. Der oberförsterliche Freund wußte um meine Situation und auch um mein Bemühen, mich abkömmlich zu machen, wo und wie es nur eben ging. Er meinte und riet mir zu, einmal solle ich in diesem Jahr doch noch kommen. Da stehe im Revier ein Rehbock, offenbar eingewechselt, da bisher noch nie gesichtet, mit krummem Ziemer, stark abgekommen, wohl krank, ein Einstangler, ein bisserl abnorm, auf jeden Fall die Reise wert. Und außerdem könne ich ihm ja noch ein wenig helfen, den Abschuß bei den Geisen zu erfüllen. Ja, und außerdem solle er mich im Auftrag des Jagdherrn einladen zu der am nächsten Wochenende stattfindenden Treibjagd. Und wenn ich jetzt keine Zeit oder Lust verspüre, ins Revier zu kommen, dann wisse er auch nicht mehr weiter.
Meine jägerischen Siebensachen und die Rauhhaardackelhündin ‚Hella' waren bald eingepackt und untergebracht und ich startete hinein in jene herbstliche Tristesse, die dem vergangenen Sommer nachtrauern und kommende Wintertage ahnen läßt. Und trotzdem hat gerade diese Zeit ihre unendlichen Reize.
Nach gut fünfstündiger Fahrt erreichten wir das heimelige Forsthaus und der Duft von Kaffee und Kuchen erfüllte die Wohnküche. Nur eine Tasse Kaffee genehmigte mir der Freund, denn er drängte zum Aufbruch. Wenn man ihn nicht so gut kennen würde in seiner wohlmeinenden und gütigen Art, man rätselte

zuweilen um sein oft mürrisches Gesicht, das auch noch durch einen schwarzen Vollbart umrahmt war.

„Jetzt geht's erscht amol hinaus. Alles andere kommt dann danach." Ich mußte mich wohl oder übel fügen. Meine ‚Hella' hatte sich sofort wieder mit Vater ‚Enzian' und Mutter ‚Dirndl' und ihren Geschwistern, so weit sie noch im Haus waren, zusammengetan und unterm Weggehen konnte ich noch sehen, wie ihr Vater ihr zeigte, Löcher zu graben und anderes mehr. Ich war nicht traurig, daß sie beim Haus blieb, außerdem hatte der Freund es für besser gehalten, die Hunde beim Haus zurückzulassen. Es war bei uns immer guter Brauch, beim Weggehen die Büchse unterzuladen, was ich auch heute tat. Irgendeinen Grund aber mußte mein Freund wohl haben, so sehr auf sofortigen Aufbruch zu drängen. In all den Jahren gemeinsamen Jagens erstaunte mich immer aufs Neue seine Detailkenntnis des Reviers und nicht selten hatten wir Ansitz oder Kanzel erreicht, daß gerade noch Zeit blieb, Büchse und Glas zum Ansprechen und Schuß zu richten. Nicht anders heute. Für einige Zeit zogen wir schweigend und mit quatschenden Gummistiefeln durch das aufgeweichte Erdreich der Feldwege. Dann erreichten wir einen Hochsitz, der für mich ausgesucht war, jedoch so eng war, daß ein gemeinsamer Ansitz von längerer Dauer nicht möglich war. Aber ich hatte von hier den Blick hinüber zu einem Fichtenbestand und über die herbstlichen, abgeernteten Felder. Lediglich der Mais stand noch. Den mochten die Bauern je nach Bedarf einfahren, denn in diesen Breiten wurde der Winter selten lang und schneereich. Wir verabredeten, daß ich allein ansitzen und den zu erwartenden, kranken Rehbock erlegen sollte. Und dann saß ich allein, ein wenig fröstelnd. Der Nebel wurde immer dichter. Um mich herum alles Grau in Grau. Und auch das quatschende Geläuf des Freundes war nun nicht mehr zu vernehmen. Mich umfing eine seltsam trostlose Stille und dennoch mußte ich alle Sinne anspannen, denn irgendwann würde..., nein, da stand urplötzlich ein Stück Rehwild. Es war aus dem Wäldchen ausgetreten und im Glas erkannte ich sofort einen fahlgelben Bock, der da sicherte und dann wieder ein paar unsichere Schritte ins Feld wagte. Krummer Ziemer, ein wie von Schmerzen gezeichneter Gang. Elend anzuschauen. In diesem Moment hatte ich für das, was er auf dem Haupt trug, kein Interesse. Hier galt nur, ihn von seinen Leiden zu erlösen. Er stand jetzt neben einem Maisbestand und von meinem Sitz aus konnte ich ihn kaum beschießen. Also, runter vom Sitz, der ohnehin nicht so ganz meine übergroße Freude war. Ich mußte gebückt über die Felder, durch den Klee bis hin zum Wald. Immer so, daß der Bock mich nicht ausmachen konnte. Da vorn bei der Hecke würde sich schon eine Möglichkeit ergeben, eine Auflage oder einen Baum zum Anstreichen zu finden, von wo ich einen Schuß abgeben konnte.

Der Jäger denkt, aber der Jagdheilige hat oft andere Pläne. Und wenn er nicht will, dann geht überhaupt nichts und ist der Nimrod dann noch zu eigensinnig, dann hat St. Hubertus noch ein paar Hilfstruppen, jene Kobolde, die sich gern auf den Lauf setzen und alle Anstrengungen vereiteln.

Weiß der Himmel, bis zur besagten Hecke hatte ich's gut geschafft. Der Bock stand völlig vertraut, äste zuweilen und man merkte ihm an, daß er bei jeder Bewegung Schmerzen empfand. Aber es gab keine vernünftige Auflage. Mich hinzulegen und den Schuß dermaßen abzugeben, hatte ich mir hier in Pannonien schon längst abgewöhnt. Da standen zu viele Gräser und Halme, die zwischen Laufmündung und dem Ziel standen. Es gab nur eines. Ich gab den Schuß kniend ab. Und ich fehlte. War es Aufregung, steckte mir vielleicht noch die weite Autofahrt in den Knochen? Der Schuß brach, der Bock warf auf und dann schob er sich, so gut er's vermochte, ins Holz. Ärger überkam mich. Und es war nicht nur der Ärger über solch miserables Tun, sondern auch die Gewissheit, daß man im Forsthaus den

Schuß gehört hatte und daß jemand kommen würde. Dann würde es die verhassten Sprüche geben, daß jeder einmal fehlen dürfe und daß ich's morgen ja noch einmal versuchen könne. So kam's denn auch.
„Na ja, versuchst es halt morgen in der Früh noch einmal. Gehst auf den Sitz am Schweingraben. Da kommt er bestimmt." Kein Wort des Vorwurfes und dennoch wußte ich, daß er überflüssige Schießübungen in seinem Revier überhaupt nicht mochte. Das Forsthaus erwartete mich mit Wärme und Wohligkeit. Die Hunde waren von der Frau des Hauses versorgt worden, hatten ihren Auslauf gehabt und mieften und grummelten jetzt auf den inzwischen bezogenen Liegeplätzen. So verblieb uns ein gemütlicher Abend bei Pfeifenrauch und einer guten Flasche ‚Rechnitzer,' ein Abend in seiner freundlichen Einfachheit und ein wenig Plauderei am Kachelofen. Ich durfte diese Stunden immer wieder genießen und sie wurden mir nie zur Gewohnheit. Bevor ich mich aber in die frisch Überzogenen fallen ließ, stand ich noch eine Weile vor der Haustür. Das war Herbstnebel, dick wie Suppe und der nächste Tag versprach wenig gutes Wetter.
Gegen vier Uhr in der Früh versuchte ich, mich aus dem Haus zu schleichen, aber in der Dunkelheit gab's dann doch Geräusche und vor allem mußte ich meiner Hündin wortlos erklären, daß ich sie nicht mitnehmen konnte. Draußen erwartete mich schneidende Herbstkälte, die durch den nassen Nebel in ihrer Widerwärtigkeit noch verstärkt wurde. Wieder quatschte und saugte es unter meinen Gummistiefeln, bis ich dann auf einem Feldweg voranzukommen trachtete, dann rechts über den Kartoffelacker abbog, um den Sitz am Schweingraben zu suchen. Der befand sich nicht gerade in bestem Zustand. Alles war nebelnaß und schlüpfrig. Da hieß es, sich einzurichten, so gut es ging. Nach einiger Zeit putzte sich ein Hase wenige Meter vorm Hochsitz, ansonsten herrschte um mich bleischwere Stille. Ich

hatte jedes Gefühl für die Zeit verloren und auch die Zeiger der Armbanduhr hatten ihre Leuchtkraft schon lange verloren. Nur von fern hörte ich zuweilen einen Hahn im Dorf krähen, aber auch dieses Geräusch war wie von Watte abgedeckt. So mochte ich eine Stunde gesessen haben, als sich knapp neben dem Sitz etwas bewegte. Auf den zweiten Blick erkannte ich den Fahlgelben mit seinen eigentümlichen Bewegungen. Viel Zeit für ballistische Überlegungen blieb mir nicht. Ich mußte mich leise erheben, die Büchse geräuschlos entsichern und die Kugel aus dem Lauf lassen. Ein Ruck ging durch den Bock, aber beim besten Willen konnte ich nicht sagen, wohin er abgegangen war. Also, blieb nur, den Dackelrüden ‚Enzian' für die Nachsuche zu erbitten. Meine eigene Hündin konnte ich guten Gewissens nicht einsetzen, denn sie war noch zu jung, sollte noch eine Reihe von Prüfungen absolvieren und solche Hunde, haben sie erst einmal auf der Naturfährte gearbeitet, nehmen gern und oft die Prüfungsaufgaben nicht mehr zu ernst. Enzian dagegen, jetzt im zehnten Behang stehend, hatte bisher schon kleine Wunder an Suchenfleiß und Schärfe vollbracht. Vielleicht würde er heute nochmals gute Arbeit leisten und mir den Bock finden.
In der Küche des Forsthauses gab's erst einmal einen heißen Kaffee und ein wenig leichten Spott. Dann aber meinte der Freund, „wart, i geh' glei mit. Des is besser," und der Rüde spürte, daß es für ihn zu tun gäbe. Er reagierte aufgeregt, als er sah, daß wir uns zum erneuten Ausrücken richteten. Draußen war's merklich heller geworden. Den Anschuß hatte ich, weil ich nichts waidgerechtes in der Eile finden konnte, mit Gras verbrochen und weil ich ohne Hund nicht unnötig in der Geografie herumstochern wollte. Aber wir fanden ihn sofort wieder und ließen den Hund sogleich frei arbeiten. ‚Enzian' zeigte großes Interesse, nahm, wie ich erkennen konnte, die Fährte richtig auf und ließ kurz darauf sein helles ‚Jiffjiff' hören. Gottlob, er hatte den Bock gefunden. Ich war froh, denn noch selten hatte

mich ein kranker, abschußreifer Rehbock, so sehr aufgeregt und auf die Läufe gebracht, wie dieser. Wir hörten Äste knacken und Gras rascheln. Der Hund gab Hatzlaut, mal dahin und mal dorthin, aber immer weiter von uns weg.

Es half nichts – wir mußten ihm ins Dickicht folgen, immer wieder verhalten und lauschen. Dann plötzlich Stille. Wir kannten nun die grobe Richtung und bemühten uns, dem Hund so schnell wie möglich zu folgen. Oder sollten wir besser halten? Wenn der Hund den Bock verloren hatte, würde er – ferm, wie er war – zurückkommen. An einem steil abfallenden Stück hinunter zum Schweingraben deutete mein Freund plötzlich nach unten. Was ich sah, mutete schier unglaublich an. Etwa zwanzig Schritte unter uns lag der Bock auf dem Ziemer, verendet, die Läufe angewinkelt. Daneben saß ‚Enzian,‘ äugte zu uns herauf und er hatte einen Ausdruck, als wolle er bekunden ‚na, nun kommt schon, ich habe meinen Teil der Arbeit getan.

So mußte sich's zugetragen haben: Der Bock hatte, ermattet von Hatz und Gebrechen, an besagtem Steilstück des Grabens, verhalten und der Hund war ihm just in diesem Moment an die Drossel gefahren, hatte nicht mehr losgelassen und so waren die beiden, sich ständig überschlagend, nach unten gestürzt, gerollt, wo der Hund dann den tödlichen Biß anbrachte. Doch bekam meine Erleichterung über den, wenn auch schmählichen, so doch einigermaßen guten Ausgang dieser herbstlichen Nachlesejagd einen herben Dämpfer. Unten im Graben angekommen und zunächst den Hund abgeliebelt, erkannten wir, daß der Bock auch noch die zweite Stange verloren hatte. Wie ein ‚Mönch' lag er da und so sehr wir uns nach dem Aufbrechen auch bemühten, suchten und auf allen Vieren herumkrochen, die Gräser auseinander bogen und auch den Hund zur Mithilfe anrüdeten – die Stange blieb unauffindbar. Nun ja, vielleicht hatte man sie auch nicht so ganz verdient.

Den ‚Enzian' aber habe ich nach unserer Rückkehr vorm Forsthaus mit meinem eigenen Kamm ausgebürstet (was anderes hatte ich nicht gefunden, denn die Förstersleute hatten einen Termin wahrzunehmen) und ihm dabei mehrmals erklärt, was er für ein braver Hund sei.

Vielleicht habe ich ein wenig zu viel über einen kranken ‚Abwerfer' geschrieben, der mir noch dazu nicht einmal e i n e Stange auf dem Schädel gelassen hatte. Aber so liegen nun einmal die Dinge bei der Jagd. Oft genug gelingt ein Sonntagsschuß ohne Kunst und Können, über den es eigentlich nicht viel zu berichten gibt. Und dann quält man sich tagelang mit einem Bock herum, der nicht einmal dreißig Pfund auf die Waage bringt. Recht geschieht uns, denn wir können's ja doch nicht lassen und brauchen tun wir es allemal.

Ich hatte in diesem großen und wildreichen Revier in Österreichs Südosten immer freie Büchse und Flinte und es war mir vergönnt, mich nach Belieben zu bewegen. So nützte ich auch diesmal jene grauen und dennoch zauberhaften Herbsttage zu einsamem Ansitz, konnte tagsüber mit meiner Dackelhündin ‚Hella,' wie man hierzulande sagte, „stampern," also mit der Flinte über die abgeernteten Felder ziehen, die Hündin stöbern lassen und wenn ich dann irgendwann mit ein paar Hühnern am Galgen heimkehrte, wartete in der Regel eine gute Brotzeit oder heiß duftender Kaffee auf mich und es tat gut, in der warmen Wohnküche des gastlichen Forsthauses zu sitzen und die klammen Glieder wieder zu beleben. Natürlich wurde dann nach dem Wie und Wann gefragt und der försterliche Freund erkundigte sich angelegentlich nach Verhalten und Eifer der aus seiner Zucht stammenden Hündin.

Kurz nach dem ausführlich geschilderten Gemurkse mit dem stangenlosen Bock erlegte ich eine Schmalgais, die im wahrsten Sinne des Wortes hinter einem recht jungen Böckerl herzottelte, als beide aus dem Mais austraten. Der Bock nahm's nicht mal übel, ja er drehte sich nicht einmal nach seiner Begleiterin um, obwohl er den Schuß ebenfalls sehr nahe vernommen hatte. Ohne erkennbare Beunruhigung zog er weiter. Tags darauf passierte ich eine kleine Wiese im Bestand und erkannte dort einen Sprung Rehe, wie man sie hier in diesem waldreichen Gebiet fast niemals zu sehen bekommt. Es waren deren sechs Stück Rehwild, die alle eines gemeinsam auf Trab hielt. Da stand ebenfalls, jedoch etwas abseits, ein schwaches Stück, das von den anderen ständig attackiert wurde. Es schien so, als wollten sie es aus ihrer Nähe vertreiben. Der Grund hierfür war nicht ersichtlich. Ich habe damals sehr lange gezielt und das Stück erlegt.

So vergingen die Tage bis zum Wochenende und da war Treibjagd angesagt, eine oder mehrere Triebe pro Tag, einmal war es die ‚Böhmische Streife,‘ die hierzulande gern gegangen wurde oder es war ein klassisches Standtreiben, wenn die Waldseiten berührt wurden. Und da sich die Teilnehmer seit Jahren gut kannten, war es zu einer Art Cliquenbildung gekommen, die sich auch durch die angestrengtesten Maßnahmen des Jagdleiters nicht beirren ließen. Mitunter hatte einer der Teilnehmer noch einen gut gefüllten Flachmann in der Tasche, der dann bei notwendigerweise einzulegenden Pausen die Runde machte. In einem ebenfalls seit Jahren bekannten Bauernhof brannte dann am Vormittag, meist nach dem zweiten Trieb, ein herrliches Feuer und die hervorragenden Debrecziner wurden aus den Kesseln in die hungrigen Mägen der Jägersleute entlassen. Dazu gab es die ersten Frotzeleien wegen einiger Fehlschüsse und die üblichen Aufforderungen, in Zukunft doch besser erst einen Schnaps zu trinken, weil das das Zielen leichter mache. Der Nachmittag brachte dann nochmals zwei Triebe mit einer vergleichsweise kleinen Strecke an Fasanen, Rebhühnern und Hasen. Ja, und ein Fuchs war auch zu unvorsichtig gewesen. An diesem Nachmittag, so erinnere ich mich, brach seit Tagen zum ersten Male wieder die Sonne hervor. Es war jene milchige Sonne, die keine herbstliche Kälte mehr vertreiben konnte. Zu schwach waren ihre sonst wärmenden Strahlen und nicht wenige der älteren Herren, die wohl nur wegen des gesellschaftlichen Brimboriums der Einladung des Jagdherrn gefolgt waren, zeigten deutlich, daß sie eigentlich mehr dem Knödelbogen entgegen fieberten, denn sich zu bemühen, die Tagesstrecke zu verbessern. Alle waren von verblüffender Liebenswürdigkeit, nur einer, ein angeblicher Rittmeister a.D., tat so, als müsse sich alles seinem Kommando unterordnen. Dabei war auch er nicht mehr und nicht weniger, denn ein geladener Gast. Aber von denen soll es ja immer wieder besondere Ausgaben geben, wie eben unser Zeitgenosse, der stimmgewaltig alles ein wenig heruntersetzen zu müssen glaubte und dabei überhaupt nicht zu realisieren schien, daß so gut wie niemand etwas mit ihm zu tun haben wollte. Nur über seine eigene Strecke und den Munitionsverbrauch sprach er nicht.

Der Jagdherr ließ, als es langsam dunkelte, Strecke legen und die entfachten Kienfeuer ließen tatsächlich etwas Erhabenes aufkommen. Beim Knödelbogen merkte man dann schon, daß es einige Herren plötzlich sehr eilig hatten und den Heimweg antreten wollten. Und zu später Stunde verzogen sich auch die Letzten. Was blieb, war ein nur schwer zu beschreibendes Gefühl. Nach einem schönen, erfolgreichen und amüsanten Tag war man plötzlich allein, strebte seinem ‚Einstand' zu und entschwand in den Armen des Morpheus. Auch am nächsten Morgen ließ ich's langsam angehen, bevor die zigmal gefahrene Strecke ‚Bucklige Welt', Helenental und dann Richtung Salzburg unter die Räder genommen wurde. Und überall, wo ich hin kam, verspürte man die lastende Melancholie eines sich zum Ende neigenden Jahres mit all seinen Facetten, mit dem Aufglühen aller Farben, welche die Natur zur Verfügung hat.

Winterpflichten

Januar! Seit Tagen und Wochen fällt Schnee. In den kleinen Ortschaften in den Tälern zwischen Hirschberg, Setz- und Wallberg und weiter hinein ins Gebirg wissen sie schon nicht mehr, wo sie die weißen Massen hinräumen sollen. Dabei sprechen die Alten von ungewöhnlich milden und schneearmen Wintern. Früher sei das alles um ein Vielfaches mehr gewesen. Da habe man die Straße nach Glashütte mit vierundzwanzig Gespannen vor dem Schneepflug räumen müssen und als man fertig war mit der kilometerlangen Strecke, daß man wenigstens zu Fuß in den nächsten Ort laufen konnte, wenn man nicht barmherziger Weise von einem Fuhrmann zum Aufsitzen auf dem Schlitten aufgefordert wurde, schaute es dort, da man mit dem Räumen angefangen hatte, so aus, als wäre nie etwas geschehen. So verwundert's nicht, wenn sie hierzulande sagen, wir hätten im Jahr sieben Monate Winter und in den verbleibenden fünf Monden müsse geheizt werden. Und wenn's sich übertrieben anhört – etwas Wahrheit ist schon dabei. Denn sogar, wenn es im Talgrund ausapert, die Kälte bleibt uns erhalten, so lange es von den Bergen noch weiß herunter schimmert. Und das dauert meist bis in den Frühling hinein, wenn in niederen Gefilden schon Blumenteppiche zu bewundern sind. Wir freuen uns inzwischen über die spärlichen Schneeglöckerln, die naseweisen Krokusse und den lange erwarteten Bärlauch und dann hat es zuweilen auch ein paar lange vermißte Sonnenstrahlen, die einem das Gefühl geben, daß es wieder wärmer, besser wird. So auch heute. Zwischen Schneewolken schaut ein wenig halbherzig die Sonne hervor. Wenige Minuten später wird alles wieder grau und trist.
Jetzt kommt das tägliche Procedere. Ein Haferl Kaffee, ein Stükkerl Brot und ein kurzer Blick in die Zeitung. Dann muß erst einmal die in der Nacht gefallene Neue geräumt werden – vorm Haus und Vorhof. Der Postbote, der es ja jetzt schwer genug hat,

kann ungehindert zum Briefkasten gelangen. Dann gibt's noch das Eine oder Andere zu tun. Die Vögel haben das Häuserl leer gefressen und natürlich soll der Hund auch noch hinaus, obwohl er sich bisher in seinem Korb nicht bemerkbar gemacht hat. Auch er weiß die Wärme zu schätzen. „Also, raus, Du fauler Kerl!" Ich öffne die Tür zum Garten und er fährt wie der Teufel hinaus. Nachdem er sich gelöst hat, tobt er im Schnee, daß es staubt. Dann wird es ihm zu kalt und er kommt mit eingeklemmter Rute ins Haus zurück. Er schaut mich treuherzig an, gleichsam fragend, ob ich denn nicht bald aufbrechen wolle, denn der schlaue Kerl weiß ganz genau, daß wir heute – wie an allen Tagen – zur Rotwildfütterung fahren, um dort unsere Pflicht zu tun. Aber ein wenig Zeit bleibt uns noch. Das Rotwild weiß genau, daß wir zwischen zwei und drei Uhr kommen werden. Sie stellen sich – auch, was die Uhrzeit angeht – auf ihren und auch unseren Tagesablauf ein. Und sie stellen sich stets zur gewohnten Zeit ein, es sei denn, daß, wie es in vergangenen Jahren zuweilen vorkam, es so extrem schneite, daß sie nicht mehr an die Fütterung kommen konnten und die „Fütterer" – bis zur Brust watend – Schneisen treten mußten, in denen Stuck und Kalb und Hirsch folgten und sehr vertraut waren. Da gibt es eine Anzahl von Geschichten, die ein Uneingeweihter schier nicht glauben würde. Ja, es kam sogar vor, daß solcher Art Gams an den Krucken aus dem Schnee gezogen wurden, da sie sonst elendig verhungert wären.
Mittag. Es wird Zeit, aufzubrechen. Viel brauchen wir nicht. Anorak, Fellstiefeln, die Büchse für alle dummen, dämlichen und überflüssigen Fälle und der Hund, der es sich auf dem Rücksitz des Wagens bequem macht – und los geht's. Erst fahren wir bergwärts, nehmen nach kurzer Fahrt den Freund und Helfer, stürmisch vom Hund begrüßt, auf und dann ist es eine gute Viertelstunde, daß von der Forststraße abgebogen wird. Unterwegs haben wir nach jeder Straßenbiegung den Blick ins verschneite Gebirge. Aber obwohl die Straße gut geräumt ist, habe ich we-

nig Interesse, das wechselnde Panorama zu genießen. Aufpassen muß man, denn wenn man erst einmal in einer Wechte festgefahren ist,...es muß nicht sein.

Rechts abbiegen, und schon liegt das großräumige Fütterungsgelände vor uns. „Du, da liegen Abwurfstangen," freut sich der Freund. „Die waren aber sauber beim Abwerfen." „Hab's schon g'sehen. Aber die holen wir uns später. Jetzt legen wir erst einmal das Futter vor."

Hund, Büchse und Fernglas bleiben im Fahrzeug und bevor wir aussteigen, sehen wir, daß sich schon ein paar Stücke Kahlwild eingefunden haben. Der Hunger hat sie recht vertraut gemacht. Die anderen halten sich noch im Holz verborgen. Sie werden später folgen.

Im Futterhäusl mit dem guten Wiesenheu, der Grube mit der Silage und den sonstigen kleinen Köstlichkeiten wird jetzt gewerkelt. Der Eine nimmt das Heu auf die Gabel und beschickt die Raufen und bringt in Kübeln das Kraftfutter zu den Tischen. Der Andere lädt die Silage auf den Grattn und verteilt sie in gleich großen Haufen. Zwischendurch ein Blick den Hang hinauf: Es scheint sich herum gesprochen zu haben, daß wir gekommen sind. Immer mehr, aber vorwiegend Kahlwild, läßt sich schauen. Witz! Die haben uns doch schon lange – als wir noch auf der Straße waren – wahrgenommen. Dann wird die Miete abgedeckt. Rüben werden geschnitten. Saftfutter! Als die täglich benötigte Menge ausgebracht ist, naht die ganze Bande, verhofft, springt ab und kommt auf den Weg zurück. Jetzt zeigen sich die ersten Geweihten. Es sind junge Hirsche, die ihren Kopfschmuck noch voll tragen. Werfen später ab. Vielleicht im Februar, wenn nicht erst im März. Da heißt's jetzt täglich nachschauen, denn der Interessenten sind gar viele. Suchen Rohmaterial für die Knopfherstellung und was einmal den Weg in die Taschen und Rucksäcke gefunden hat, wird nie wieder gesehen. Es sei denn, man erwischt die „Spaziergänger" auf frischer Tat. Aber dann hört man wie vom Leierkasten gespielt, immer wieder: „Mia ham's grad am Weg

g'funden und wollten's Eana grod bringa." Der Schmarren wird durch jahrelanges Hersagen auch nicht wahrer.
Zum Schluß kommen, meist würdevoll ziehend, die älteren Semester. Die meisten ohne oder nur noch mit einer Geweihstange. Die Suche nach den Abwürfen wird uns nun eine Reihe von Wochen in Atem halten.
Wir haben unseren Teil für heute erledigt. Als das Arbeitsgerät verräumt und der Stadl abgesperrt ist, ziehen wir uns langsam zurück ins Auto, um von hier beobachten zu können. Jetzt zeigt sich die ganze Machalla. Der „Raufbold," unser ältester Hirsch, hat schon eine Stange abgeworfen, hält aber das Haupt nach wie vor stolz auf- und waagrecht. Wird nicht lange dauern, bis es bei der zweiten „Knack" macht. Mitten drin die „Mama" mit ihrem sehr spät gesetzten Hirschkalb. Ob sie's durch den ganzen Winter durchbringt? Es schaut nicht danach aus. Da fällt mir ein, daß ich heute vergessen habe, jene Kiste mit nicht mehr verwertbaren Äpfeln aus dem Obst- und Gemüsegeschäft und die altbackenen Semmeln vom Bäckermeister vorn an der Straßenecke einzuladen. Nun ja, es muß nicht immer Kaviar sein. Morgen ist auch noch ein Tag.
Wir sitzen im Fahrzeug und unterhalten uns in ruhigem Ton. Hirsche werden bewertet, Erlebnisse mit ihnen besprochen und obwohl wir sie alle von Geburt her kennen, sie auch mit den für sie passenden Namen bedacht haben – es gibt immer wieder Gesprächsstoff. Hat doch erst vor wenigen Tagen ein IIer-Hirsch, der „Zwiderne," nicht einmal der Besten einer, am Futtertisch das Raufen angefangen, ist aber beim „Alten" an den Falschen gekommen und hat sich eine fürchterliche Tracht Prügel eingehandelt. Auch jetzt verschaffen sich „die Herren der Schöpfung" wieder ihr Recht an den Tischen. Aber es fällt auf, daß sich jene, denen ihr sekundäres Geschlechtsmerkmal schon abhanden gekommen ist, eher zurückhalten. Mancher hat noch nicht lange seine Stangen verloren. Man erkennt es daran, daß ihnen der Schweiß über den Grind geronnen und vertrocknet ist. Da geht

schon mancher Vierjährige viel forscher zur Sache, denn von Ausnahmen abgesehen, werfen bekanntlich die älteren Hirsche ihr Geweih als Erste ab. Oft kennt man sie dann nicht mehr. Ihr Stolz und ihre Würde scheint einem gewissen defensiven Verhalten gewichen zu sein. Aber wir wissen ja, daß es ein bisserl mehr als hundert Tage dauert, daß sie wieder die Alten sind. Im vorigen Jahr hat man – wo auch immer – zwei Hirsche, einer zwölf, der andere vierzehn Jahre alt, geforkelt und unlösbar mit ihren Geweihen verhakelt (ein anderer Ausdruck paßt da nicht) gefunden, reife und abschußbare Kandidaten, für deren Abschuß sich schon Interessenten hatten vormerken lassen, Leute, die in ihren Heimstätten ausreichend hohe Räume oder Arkaden besitzen, um solche Trophäen aufzuhängen. Und kosten tut der Spaß auch etwas. Inzwischen hat es ein wenig aufgehellt. Die Sonne ist, wenn auch jetzt schon weit über dem Zenit und eher dem heutigen Untergang zugeneigt, herausgetreten und man bemerkt, daß die Pansen der Wildlinge offensichtlich gefüllt sind. Die Silage ist aufgenommen, an den Rüben haben sie sich gütlich getan. Nur das Heu in den Raufen ist, wenn auch nicht zur Gänze, noch geblieben. Aber man kann sicher sein, daß da morgen, wenn wir wieder herauf fahren, nicht mehr viel davon übrig ist. Langsam ziehen unsere Freunde wieder zu Holze, wobei die meisten noch einmal an der Sulze einen Halt einlegen.

Als die Szene leer ist, holen wir noch die Abwurfstangen, so weit wir sie sehen können und die ziemlich weit verstreut umher liegen. Und dann fahren auch wir, langsam und vorsichtig, zu Tal – nach Hause in unseren Einstand.

Es verspricht, eine wolkenlose, wenn auch eiskalte Nacht zu werden. Grund genug, für den Abend und die Nacht noch einiges vorzubereiten, denn das ist die beste Voraussetzung zum Fuchspassen. Wenn mir St. Hubertus wohl gestimmt ist, wird er mir wenigstens einen Rotrock gönnen. Zuweilen waren es auch mehr. Aber da heißt es „hocken bleib'n" und die Kälte ertragen.

Alles in allem...

mein lieber Maximilian, war's ein segensreiches Jägerleben, das Deinem Großvater geschenkt war. Es ging dabei nicht allein ums Schießen und Erlegen, wenngleich Letzteres in der Jugendzeit mit allen ihren Facetten im Vordergrund stand. Es ging, als die eigenen Läufe steifer wurden, auch ums Schauen, um den guten Anblick, ums Verzichtenkönnen und um die zunehmende Liebe zur Natur. Man mußte nur lernen, in die Berge, in Wald und Flur hineinzuhorchen. Und Du kannst sicher sein, es gab Antwort in vielfältiger Weise. Da gab's die Forelle, die im Sprung eine Fliege fing, ein frischgesetztes Rehkitz, das seiner Mutter folgte mit seinen stelzenden Läufen, es gab den Adler, der hoch oben seine Kreise zog. Da war der Fuchs, der im Glanz des silbernen Mondes am Bach entlang zog und die gefangenen Mäuse im Fang zu seinem Bau trug, um seine Welpen zu sättigen.

Ich bin mir nicht sicher, ob es richtig ist, Dich an die Jagd heranzuführen, denn vieles, was früher heilig und erstrebenswert war, wird heute angegriffen und verteufelt – ist eben nichts mehr wert. Ob Du also einmal den gleichen Weg gehen wirst, hängt von vielen Dingen ab, nicht zuletzt von Dir selbst. Denn die Jagd verantwortungsvoll und mit einem heißen Herzen auszuüben, ist auch Veranlagungssache. Und an diesem Punkt gibt es nichts zu befehlen und kein Muß. Eines aber sollst Du wissen: Die Natur, die uns in ihrer Schönheit und Fülle geschenkt wurde und die es immer geben wird, so sehr man sie auch verhunzen mag, gibt jedem, der sie liebt, tausendfach Stärke und Frieden. Und so gesehen sind wir Teil dieser Natur, nur halt mit viel, viel mehr Verantwortung als wir einer Blume, einem Baum oder einem Tier abverlangen dürfen.

Ich weiß, daß in Deinem Leben viele Verlockungen auf Dich zukommen und einstürmen werden, die beim ersten Hinschauen süß und erstrebenswert sind. (Hier macht sich der ‚Lateiner' bemerkbar). Erst später wirst Du merken, daß vieles im Leben lächerliches Blendwerk und widerwärtige Kabale ist und daß es oftmals besser ist, dem billigen Treiben aus dem Weg zu gehen.

Dein Großvater